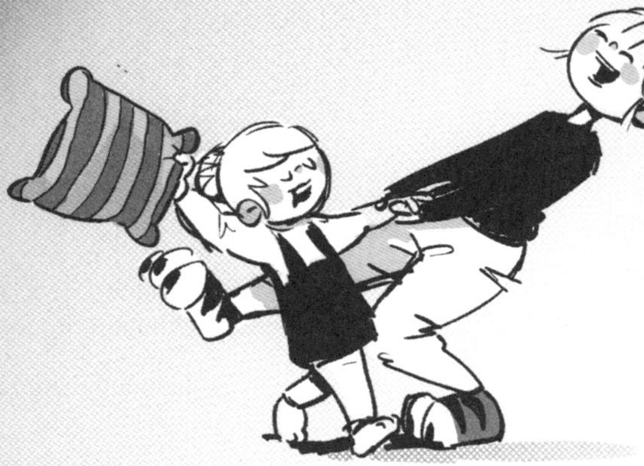

Als Familienunternehmen liegen uns Natur und Umwelt sehr am Herzen. Aus diesem Grund und zum Schutz zukünftiger Generationen, integrieren wir in alle Geschäftsaktivitäten eine verantwortungsvolle Umweltkultur.

Für den Erhalt und den Schutz von Ressourcen und Lebensbedingungen setzen wir uns gemeinsam mit unseren Partnern und Lieferanten für eine nachhaltige und klimaneutrale Buchproduktion ein.

Klimaneutral
Druckprodukt
ClimatePartner.com/13915-2310-1005

FSC
www.fsc.org
MIX
Papier | Fördert gute Waldnutzung
FSC® C021195

Mutter & Tochter
Idee und Illustration
Jannes Weber

www.johannes-schimmsel-verlag.de

ISBN 978 3 98898 005 2

Druck und Bindung: SDP Sachsendruck GmbH, Plauen

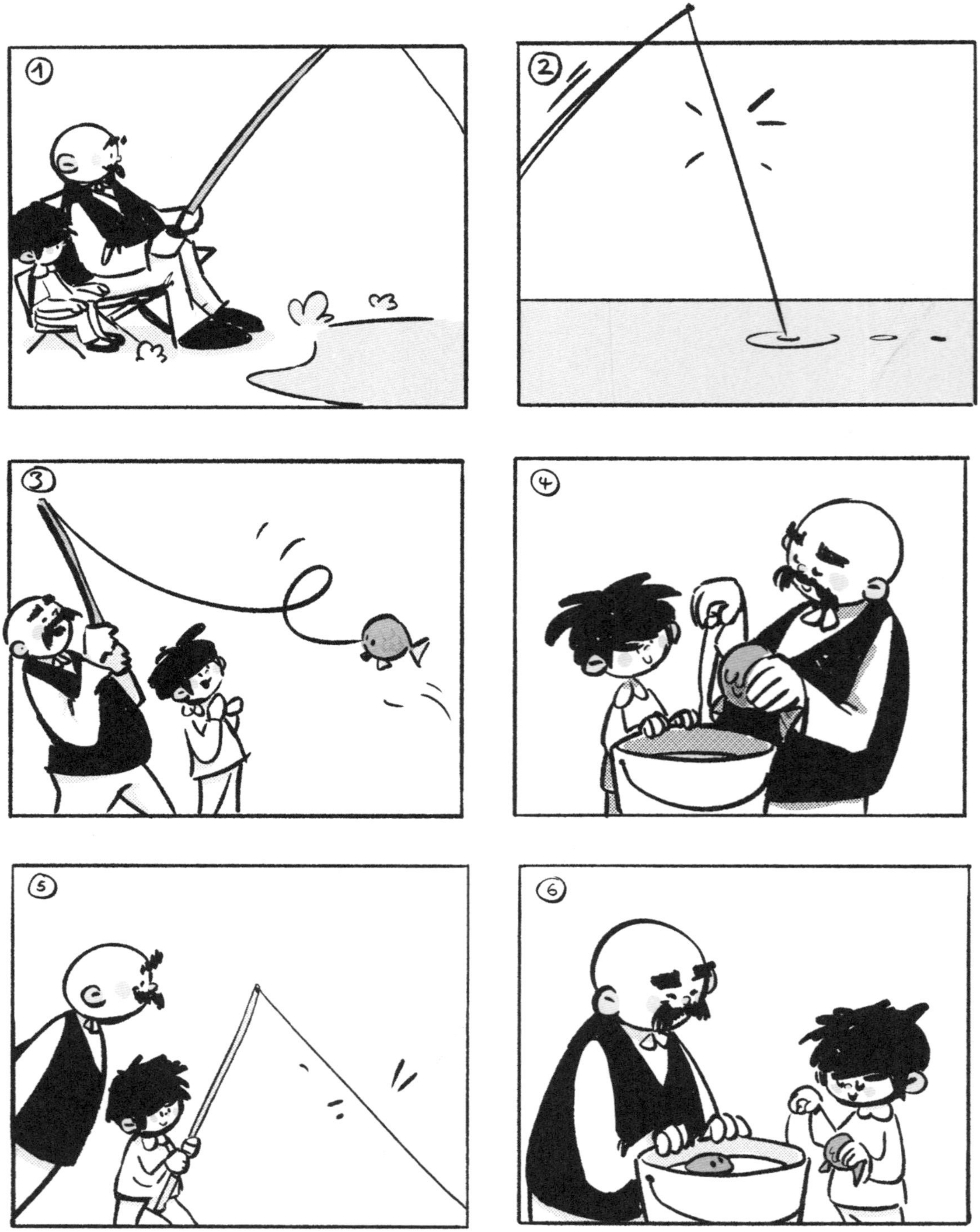
1
2
3
4
5
6

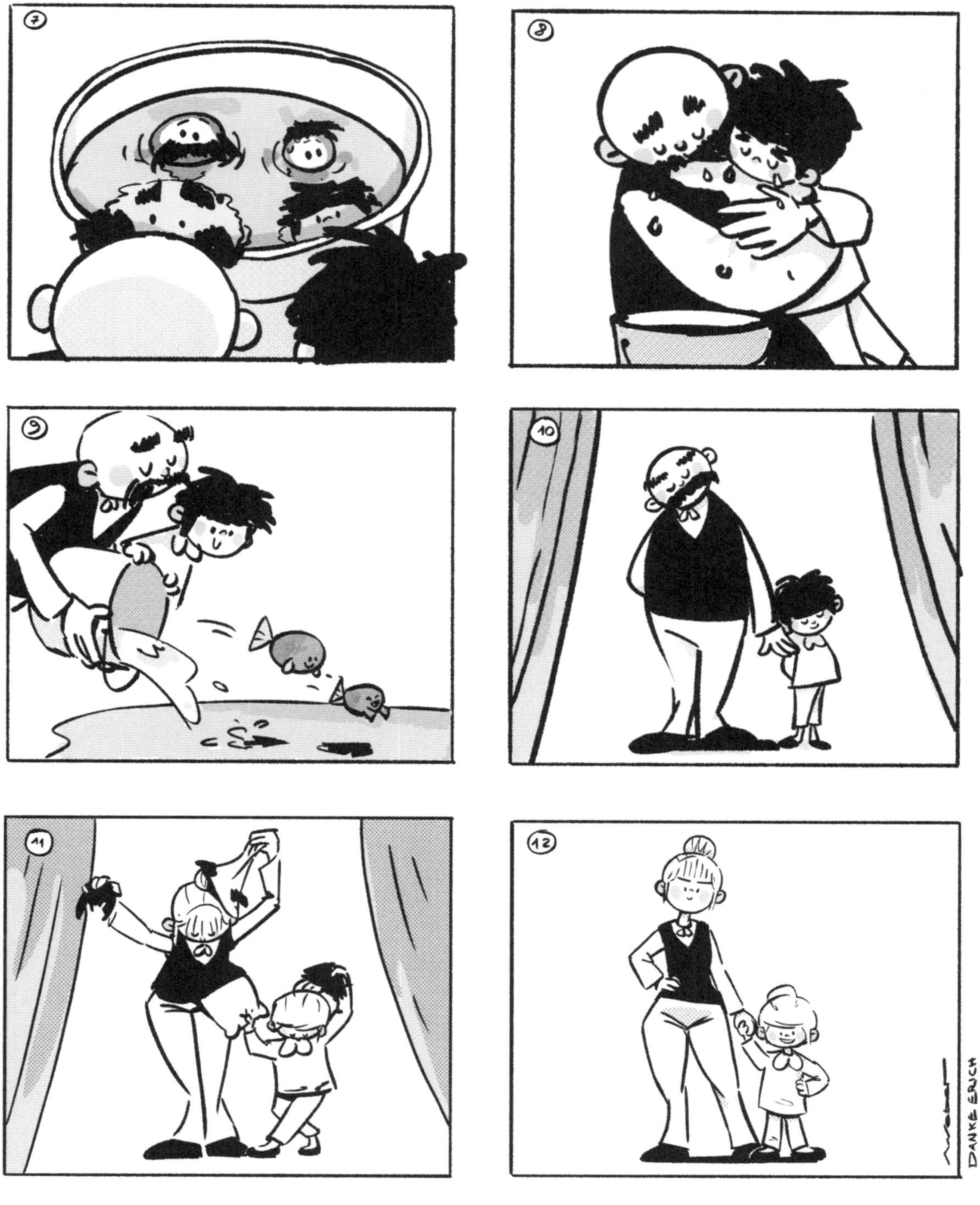
DANKE ERICH

Es bedarf nicht vieler Worte.

J.Weber

MUTTER &TOCHTER

Das unverschämt schöne Muttertags-geschenk

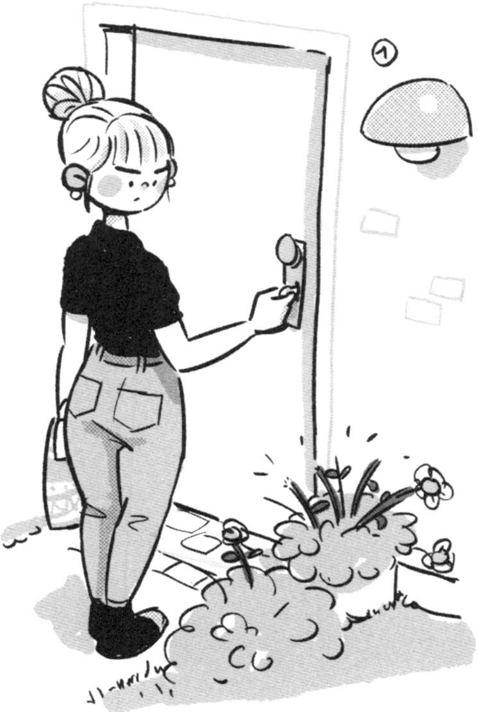

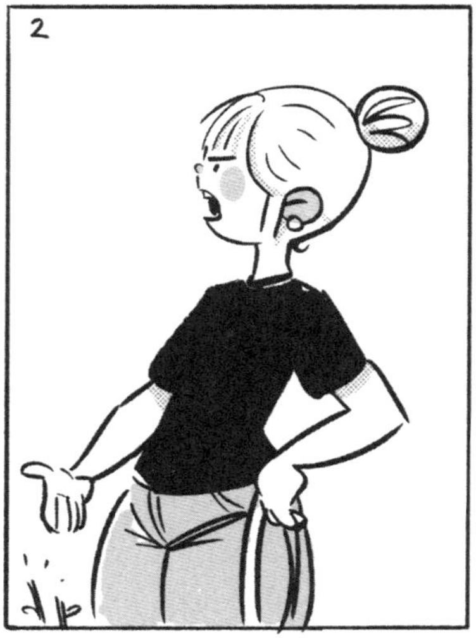

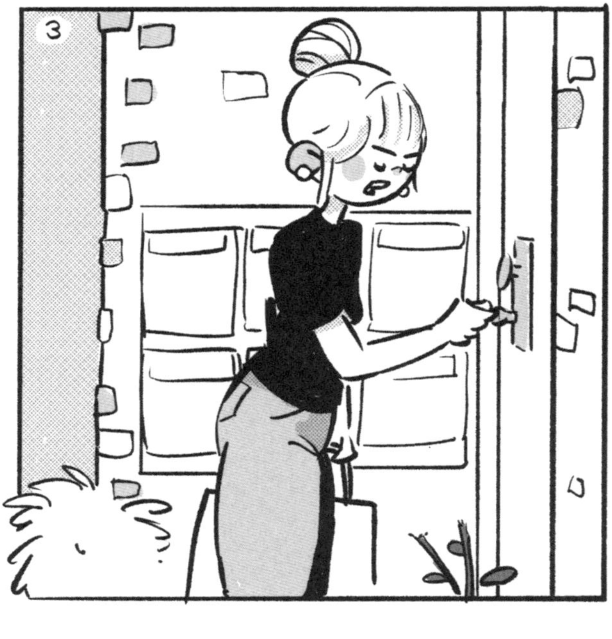

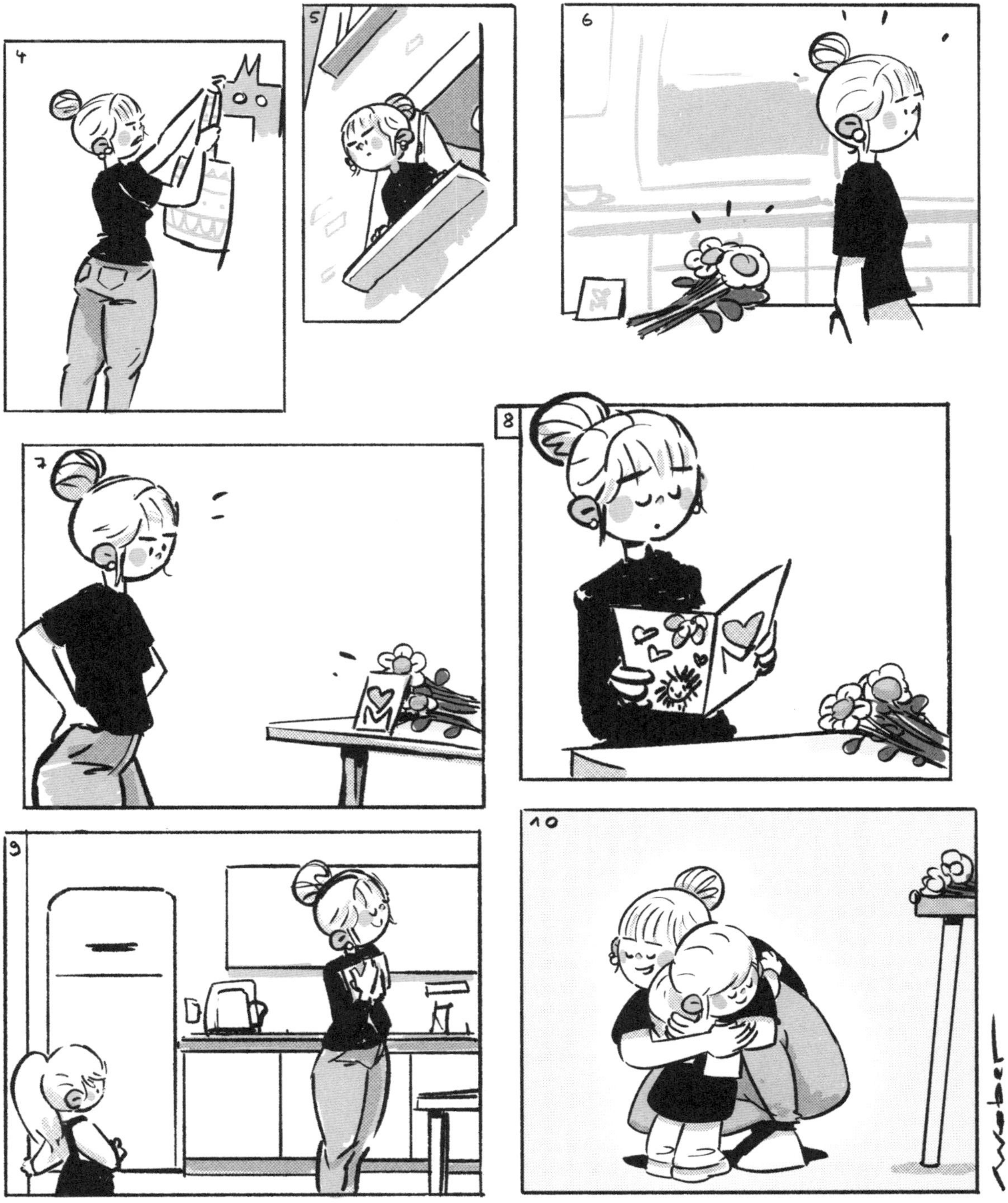

Das geteilte Hobby

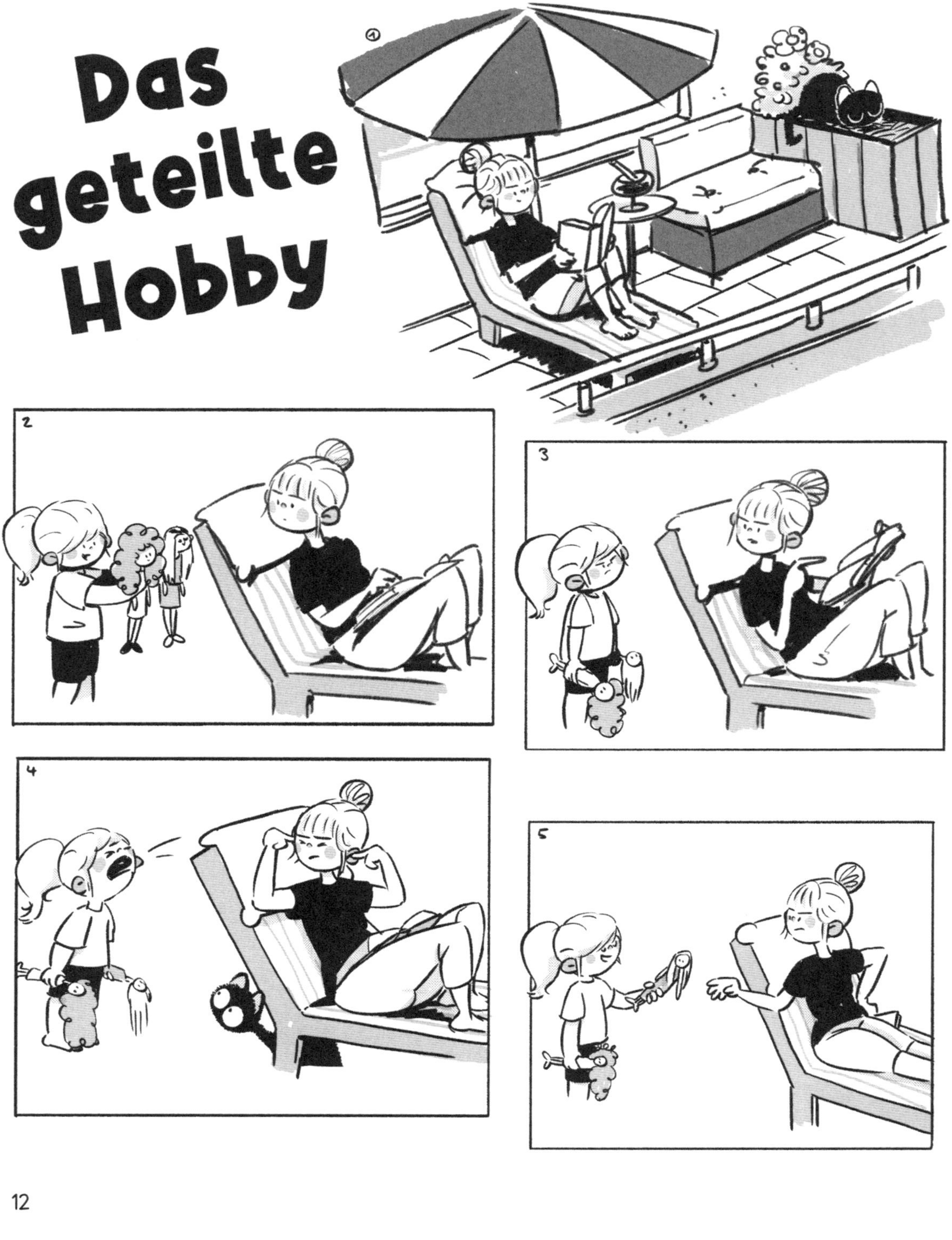

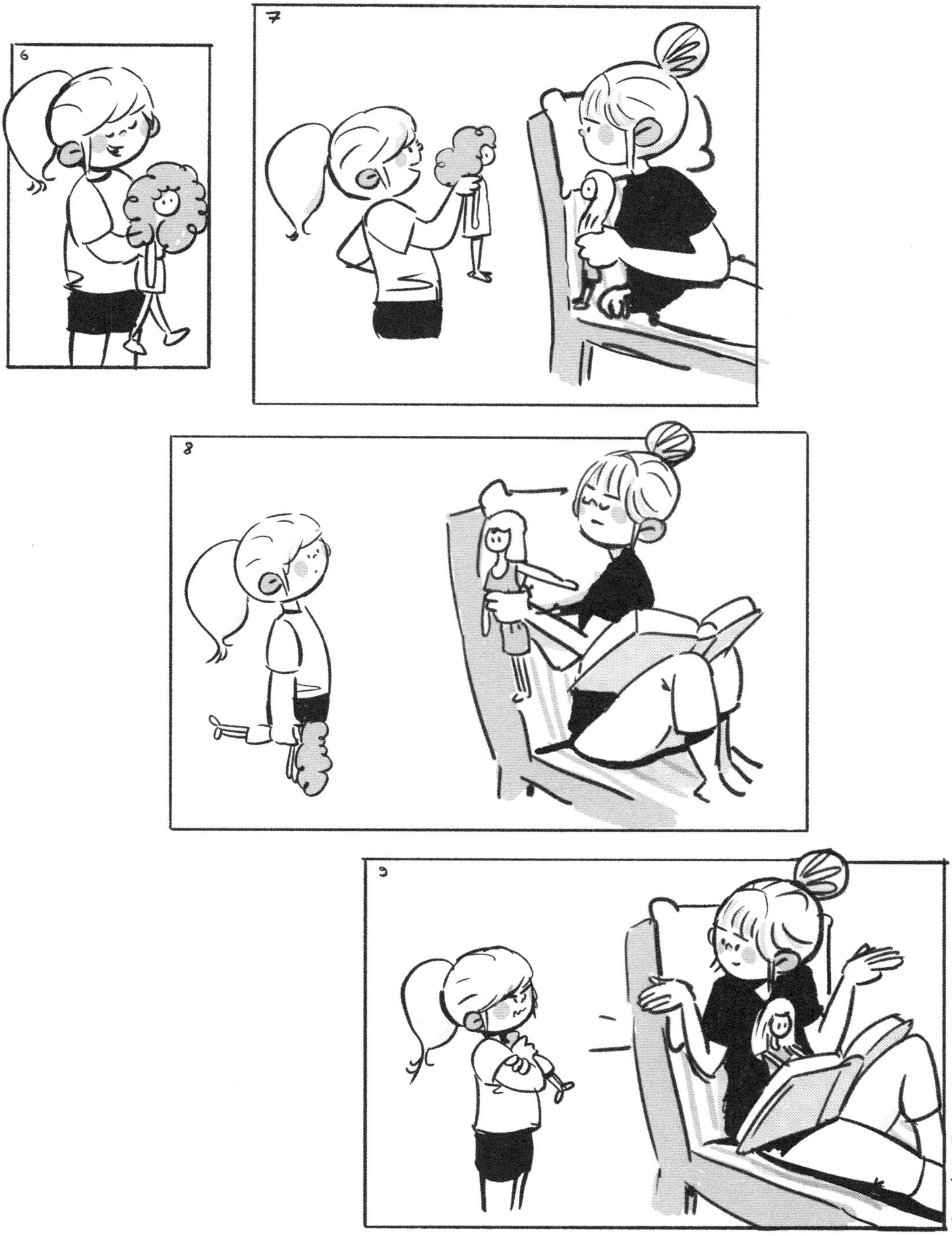

Das stolze Pferd

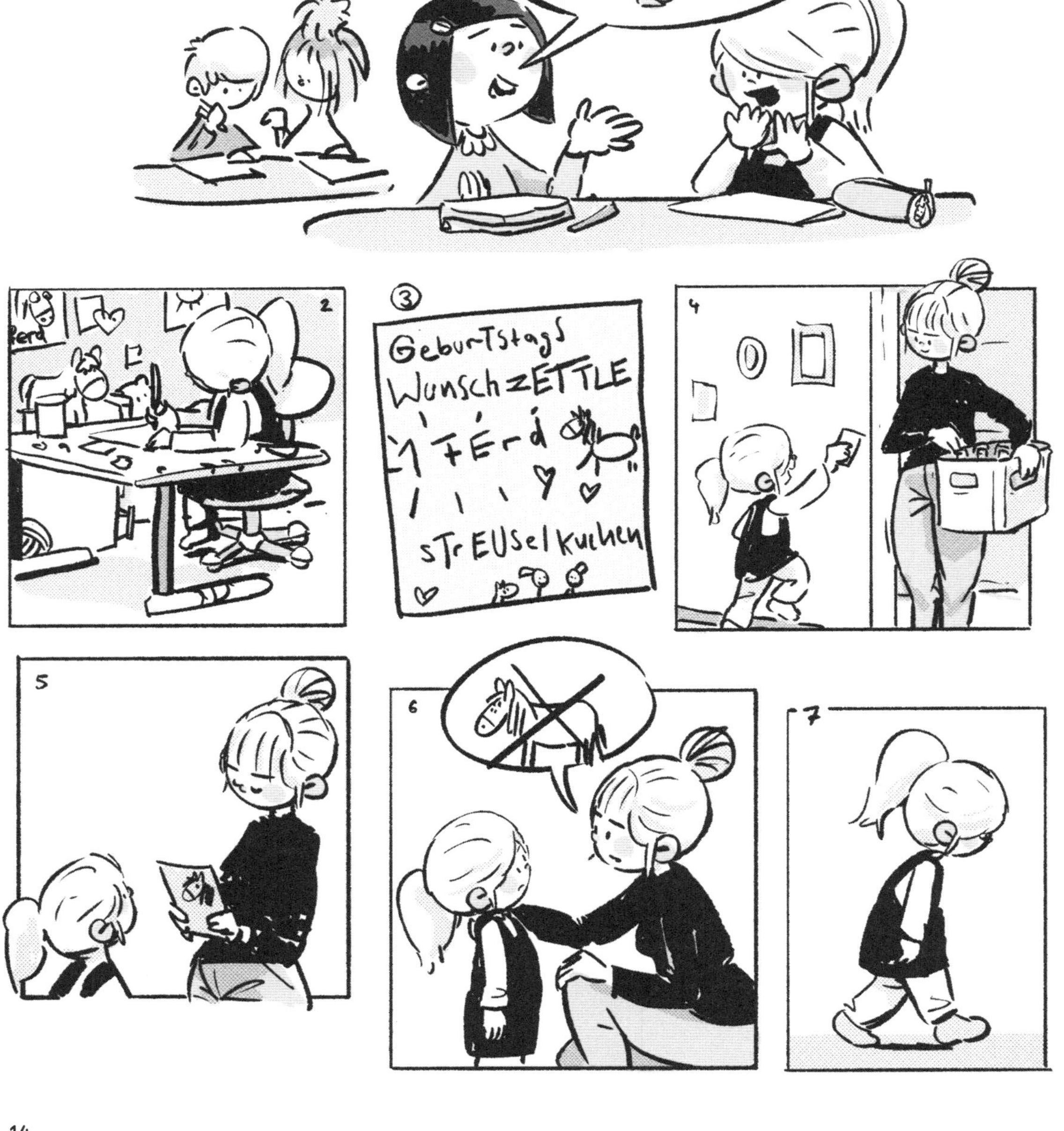

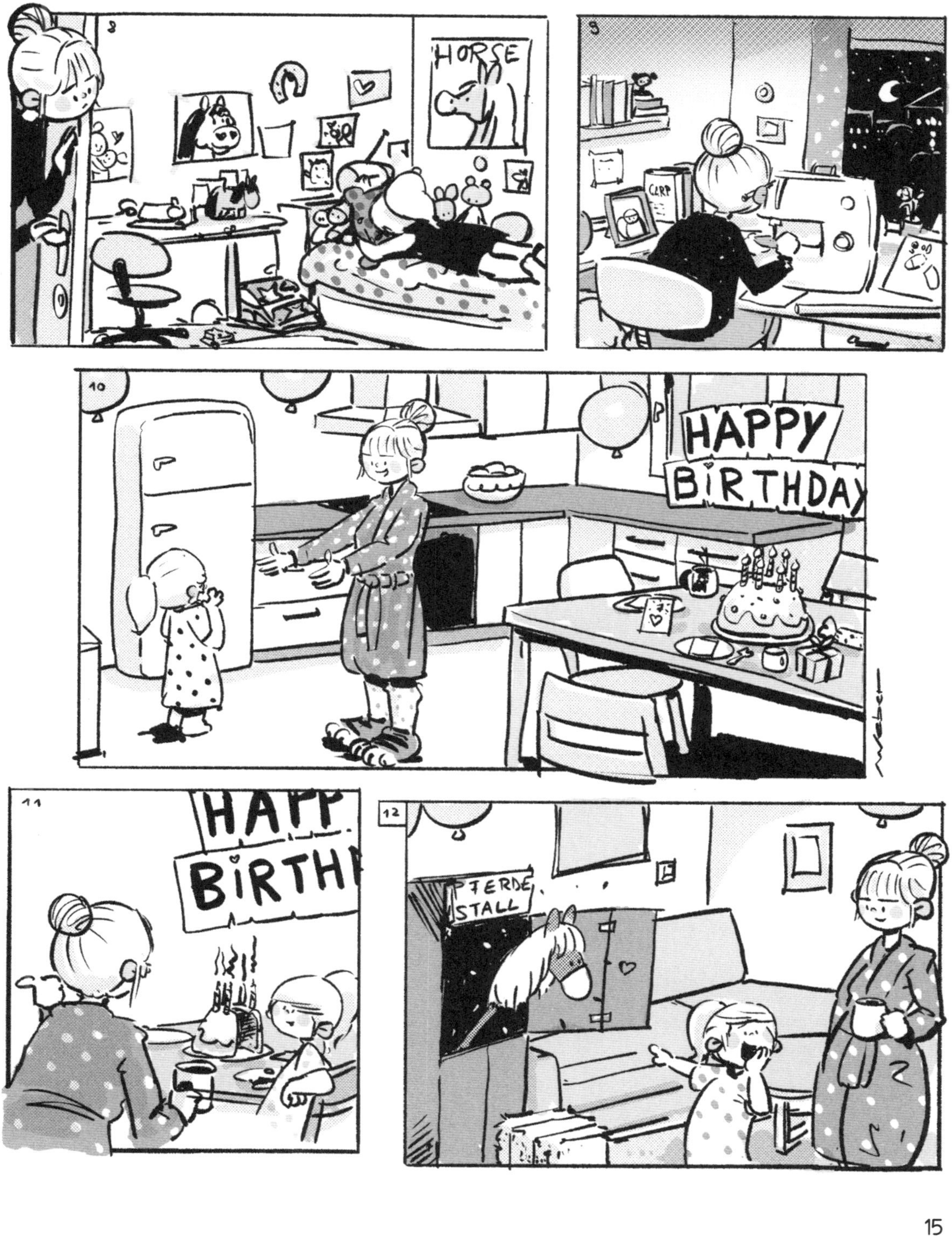
HORSE
CARP
HAPPY
BiRTHDAY
HAPP
BiRTH
PFERDE
STALL

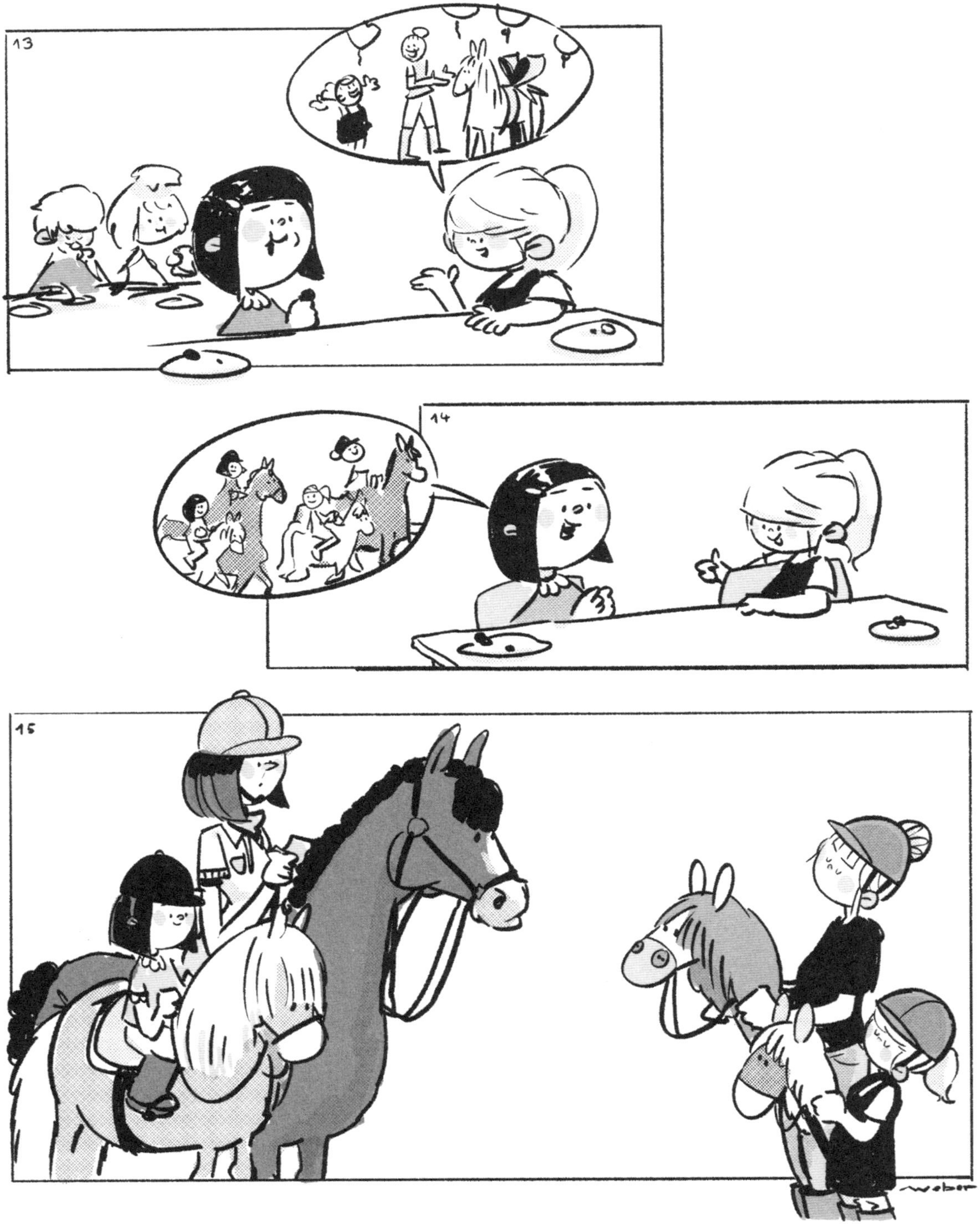
13
14
15
weber

Beidseitig praktisch

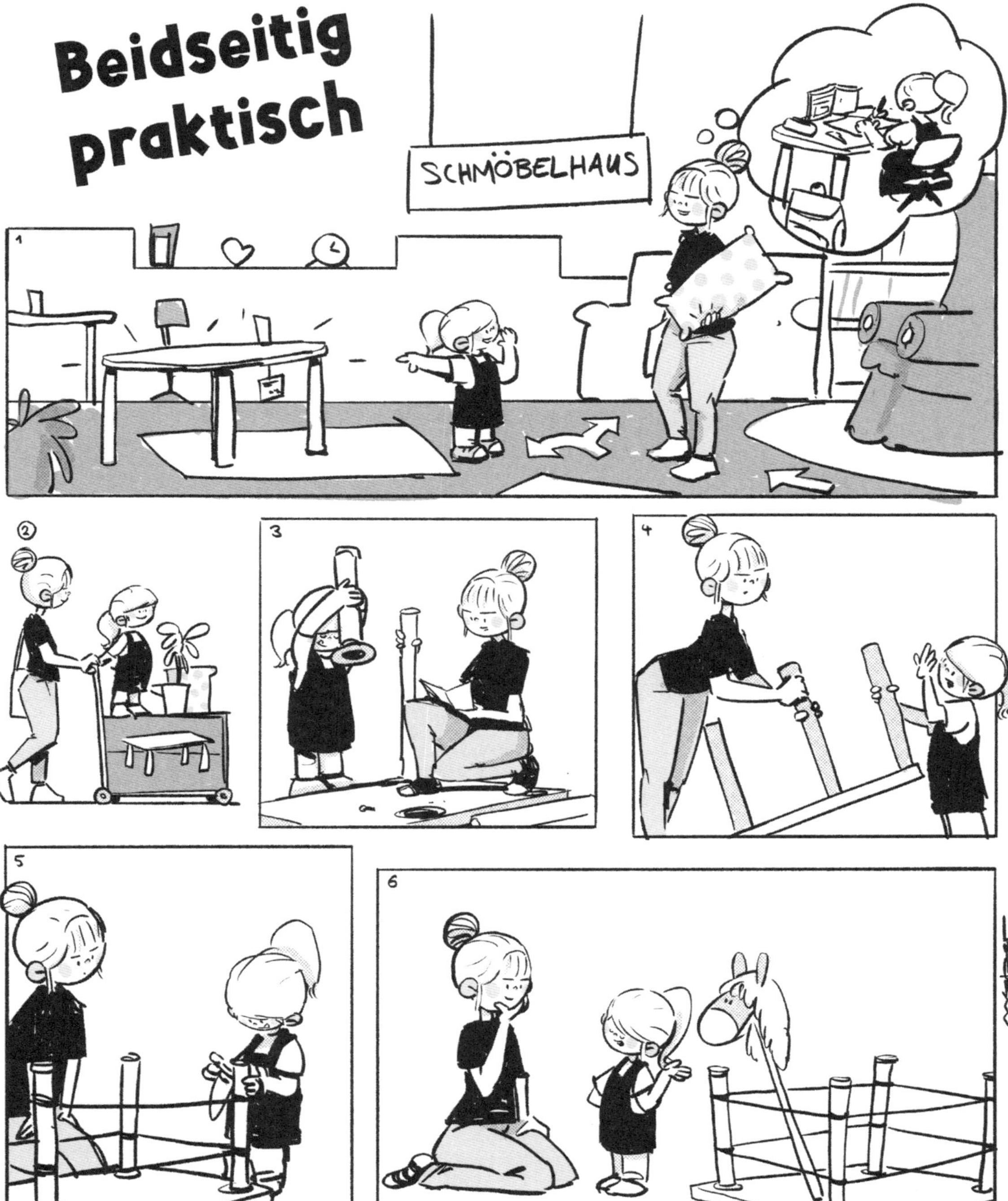

Homework, out!

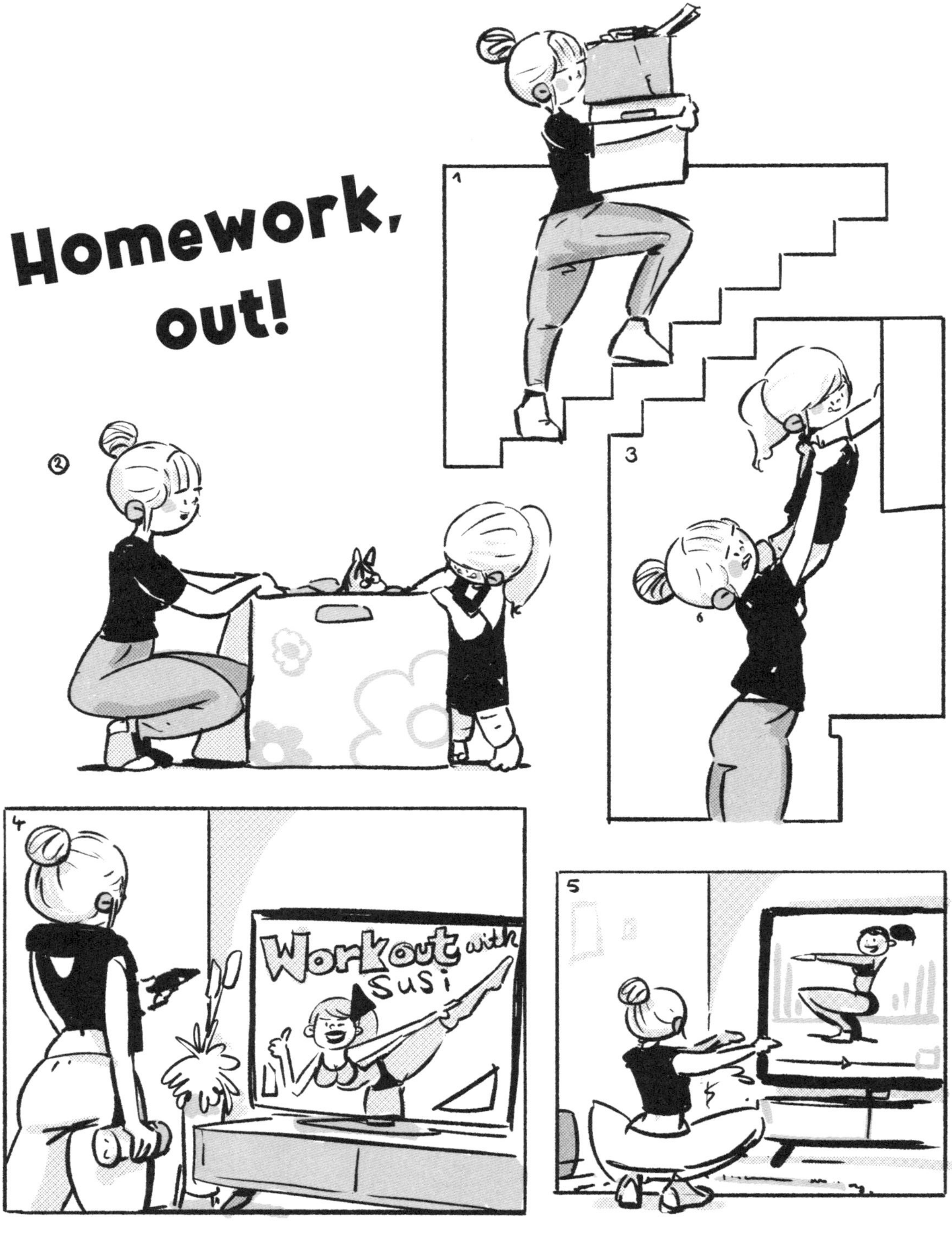

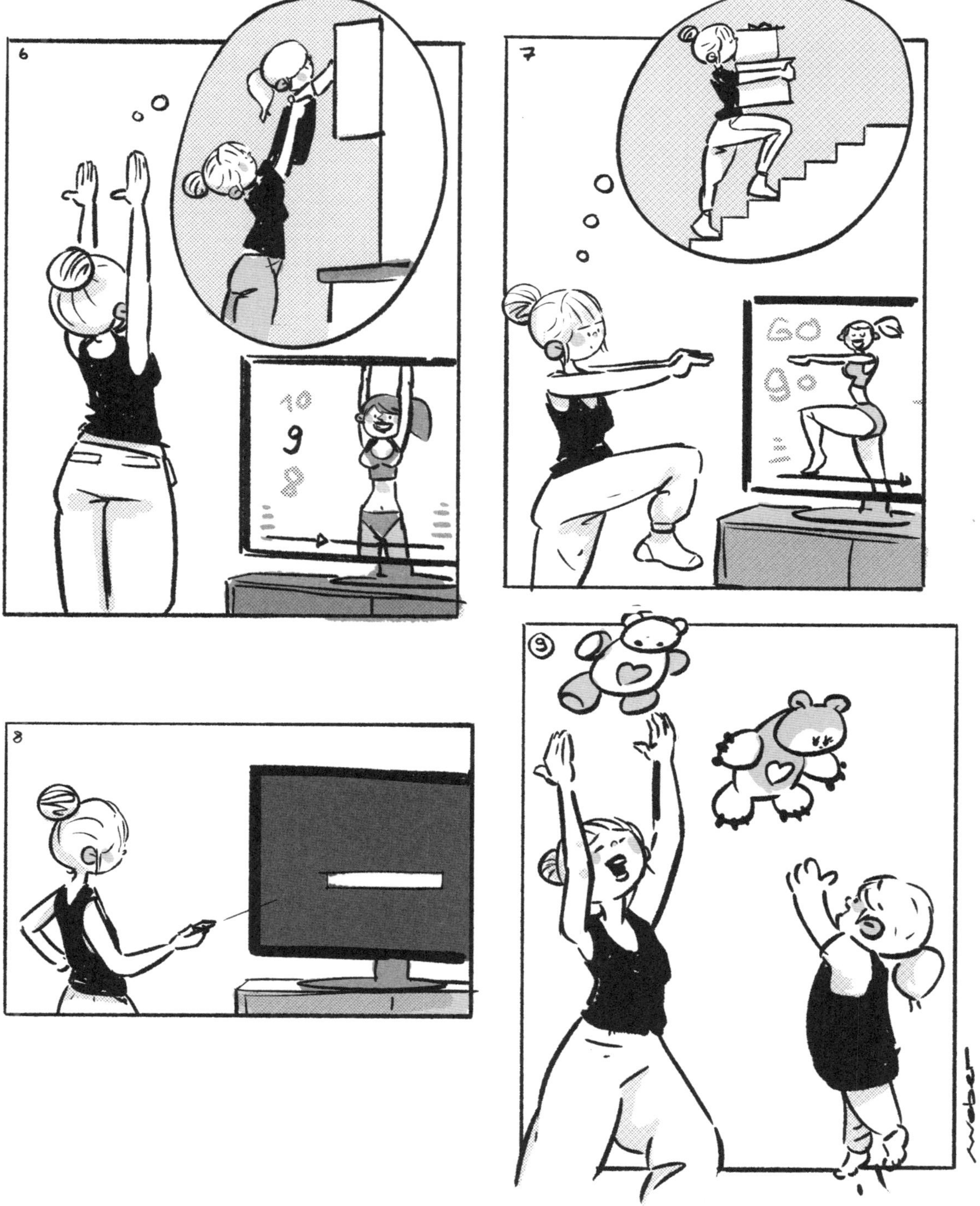
6
10
9
8
7
GO
go
8
9
weber

Mama, du bist so witzig!

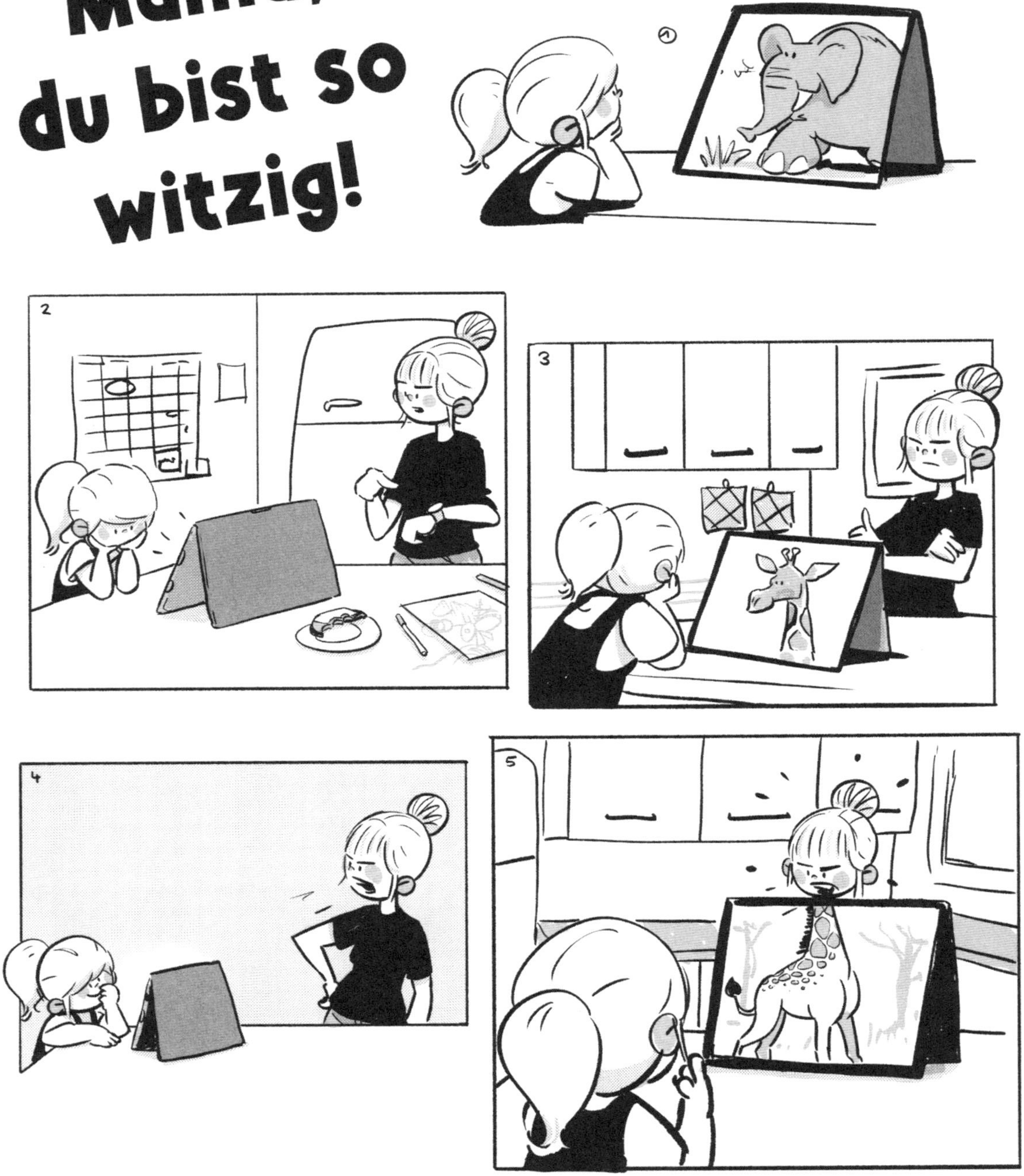

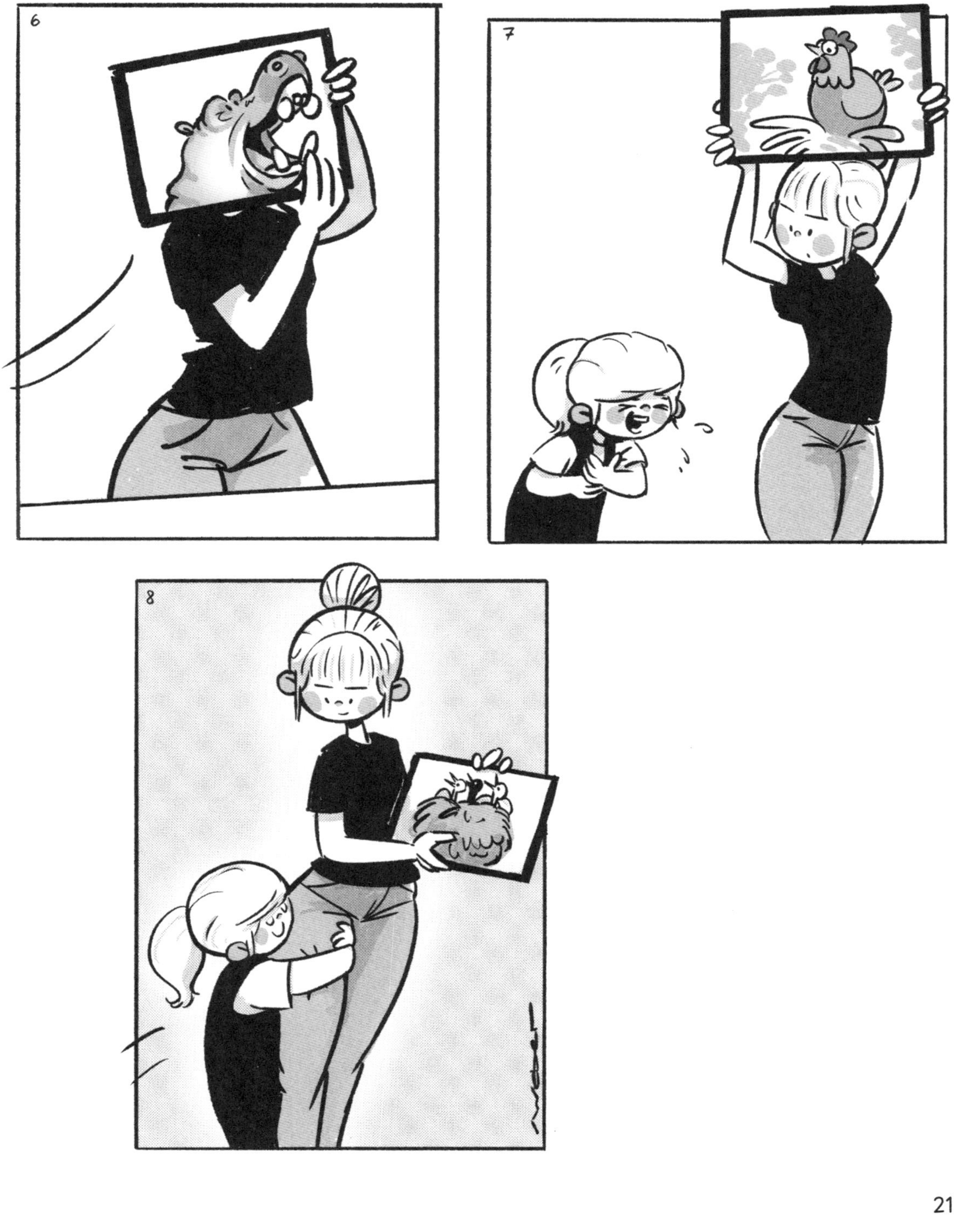

Kommt Zeit, kommt Rat

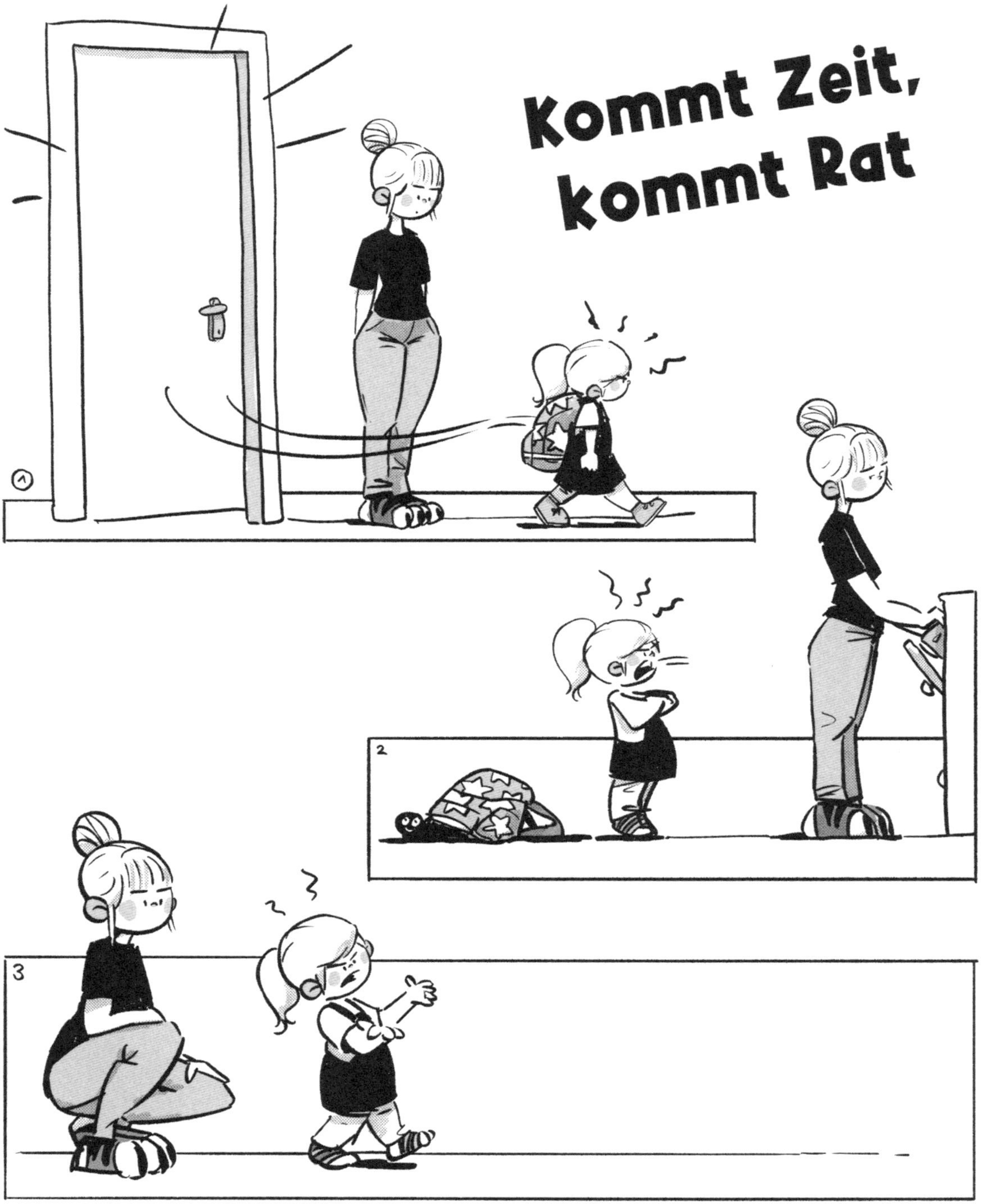

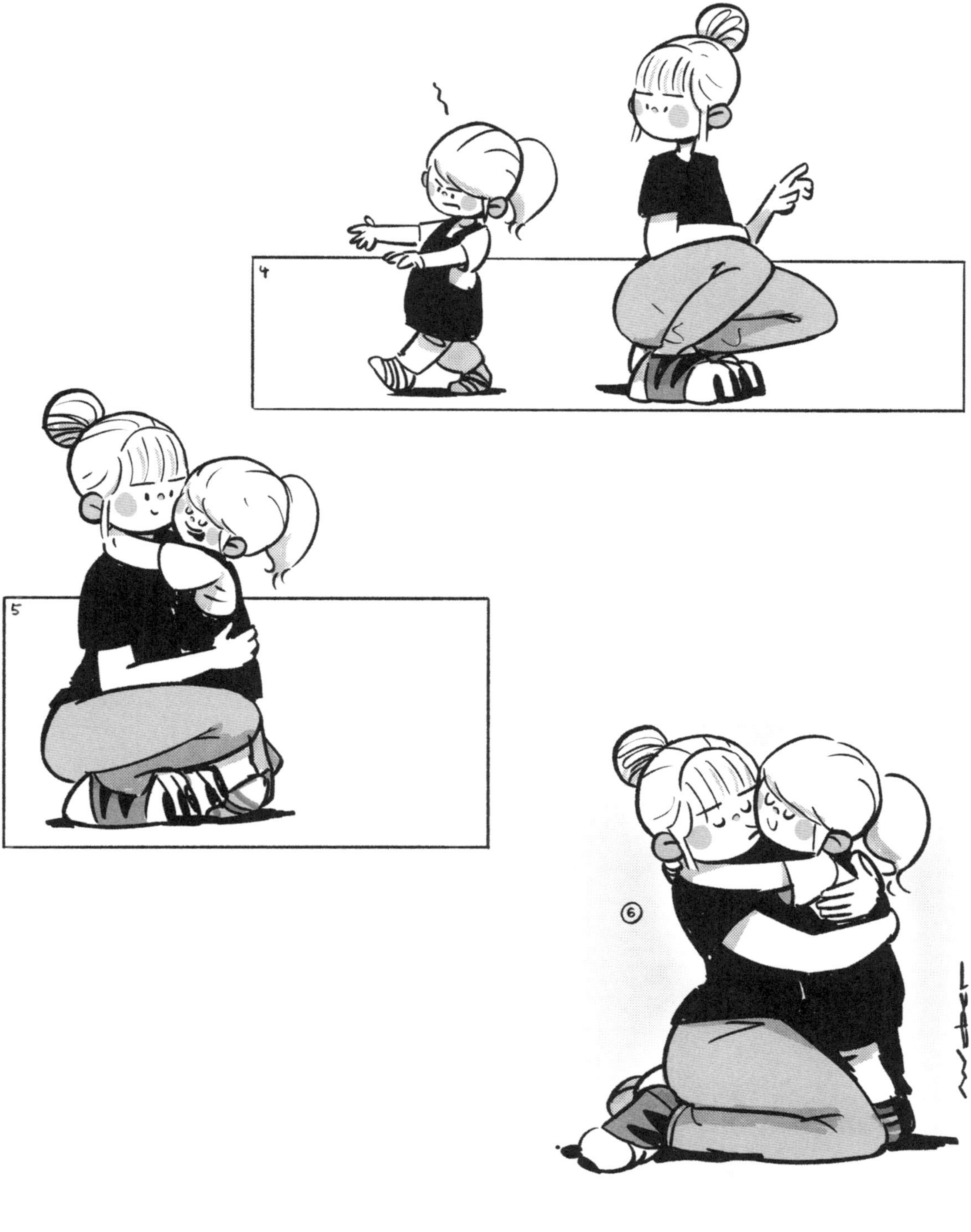

Das Kunstwerk muss zu den Leuten

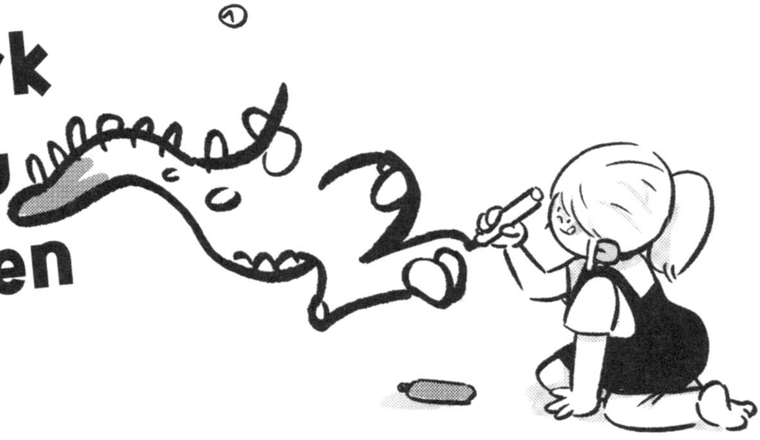

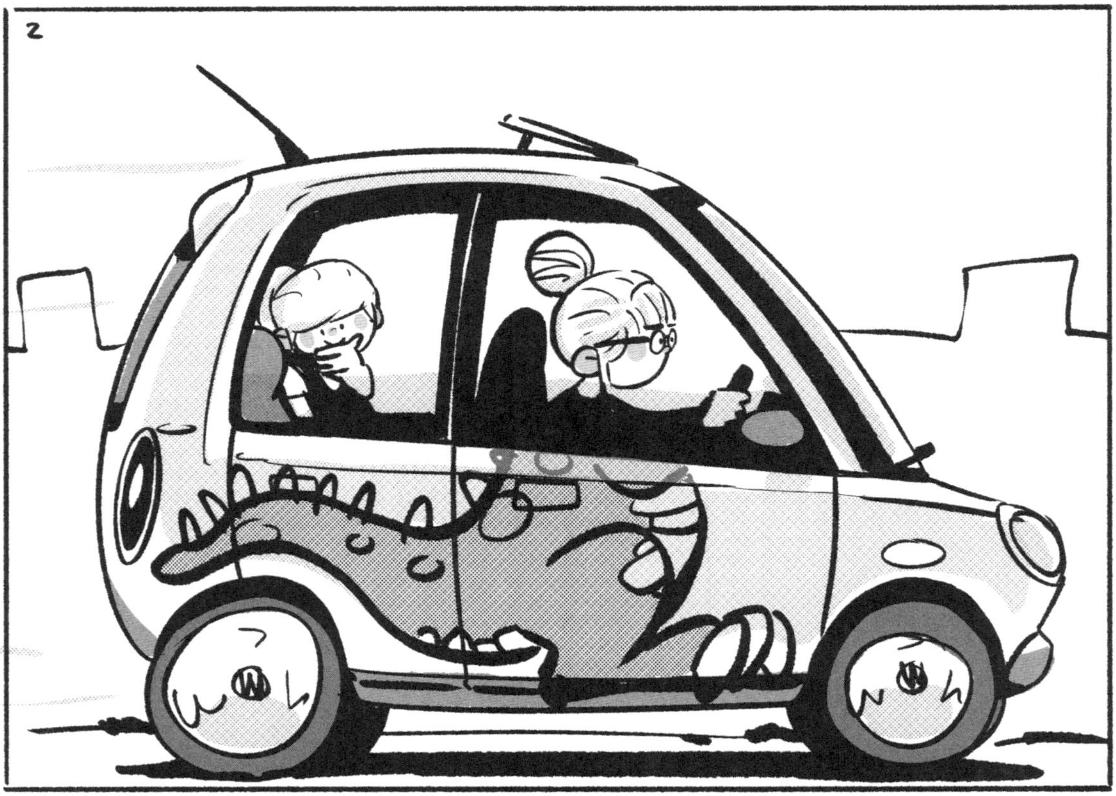

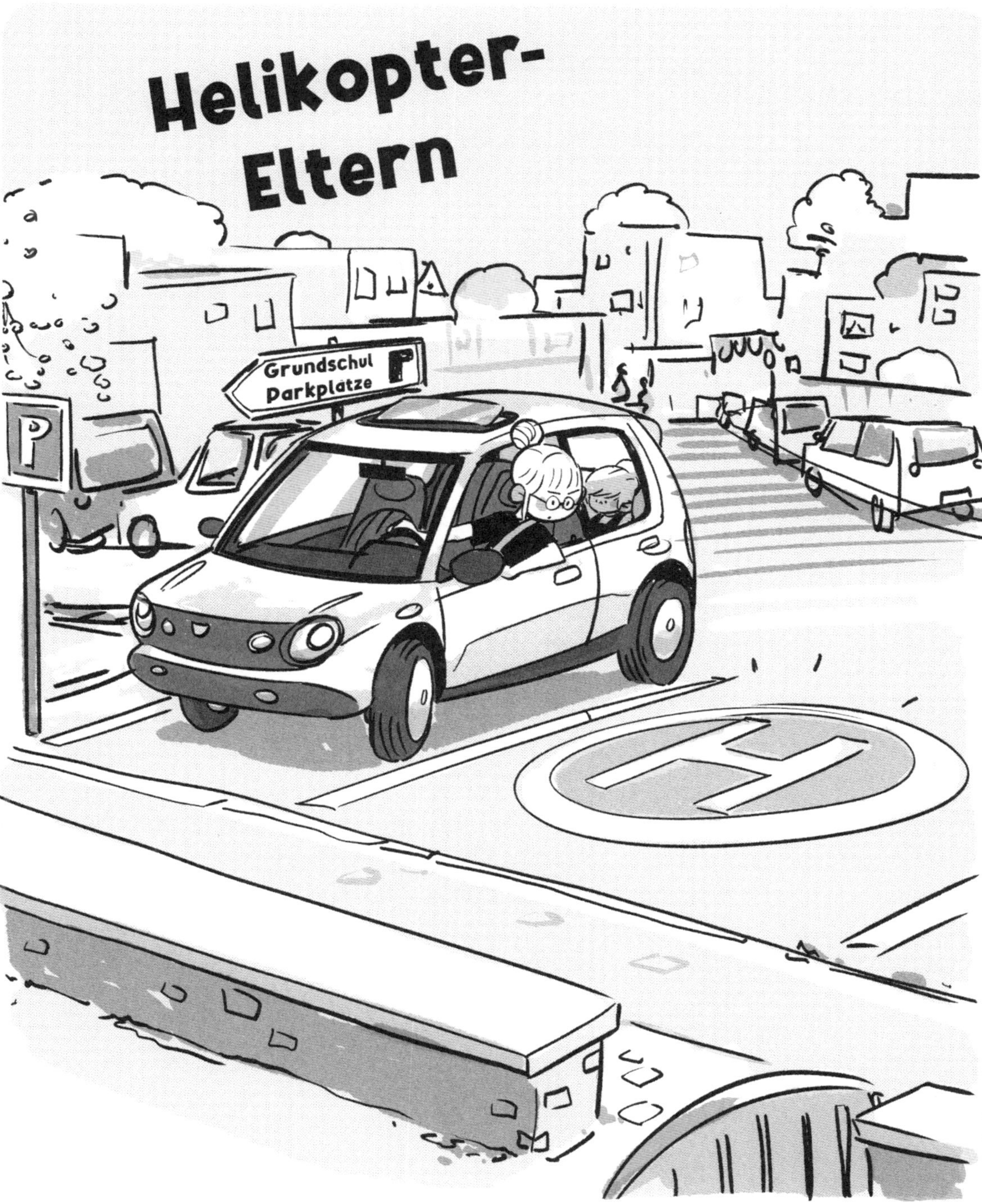
Helikopter-
Eltern
Grundschul
Parkplätze
P
P
H

Der ungewöhnliche Wachstumsschub

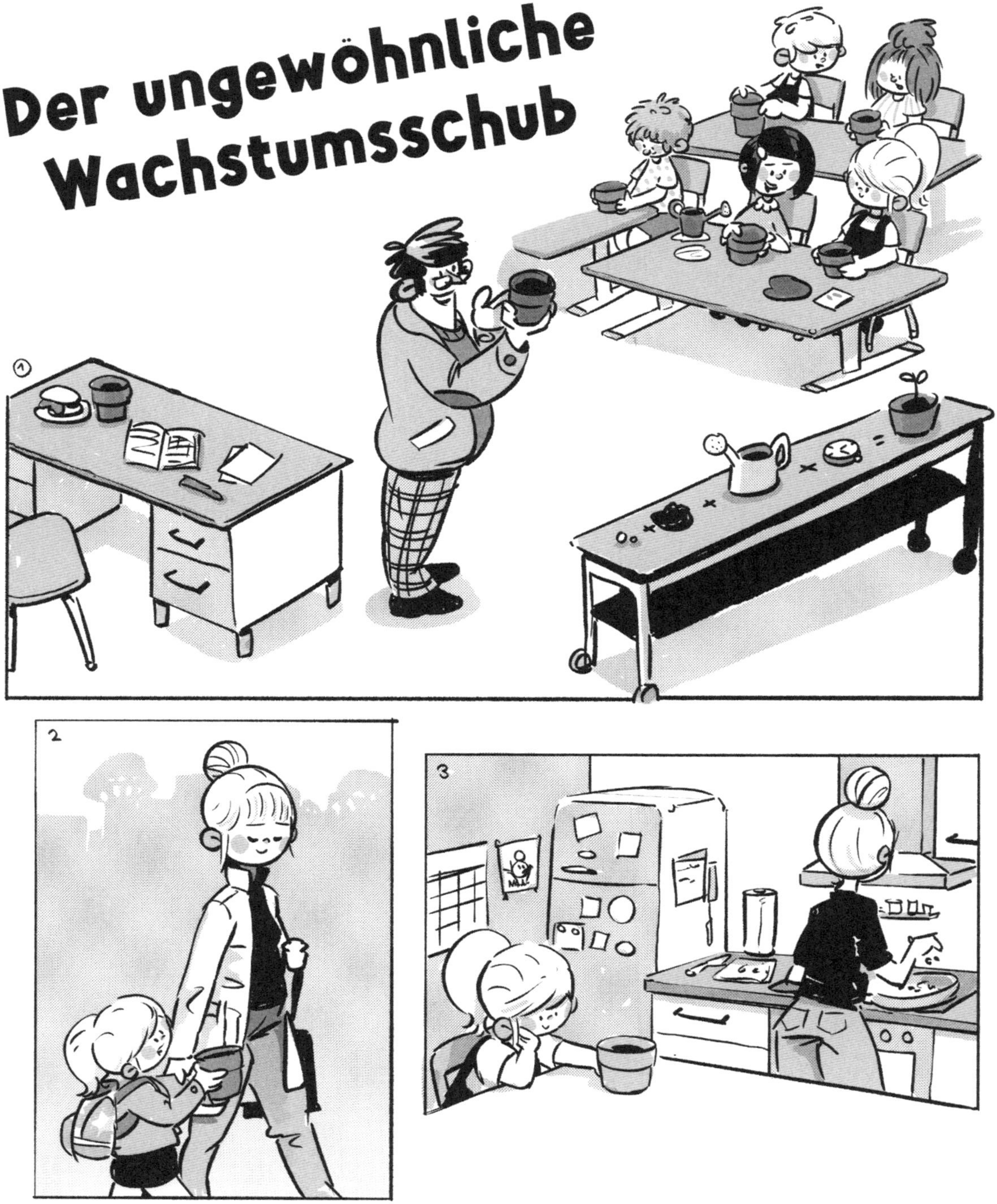

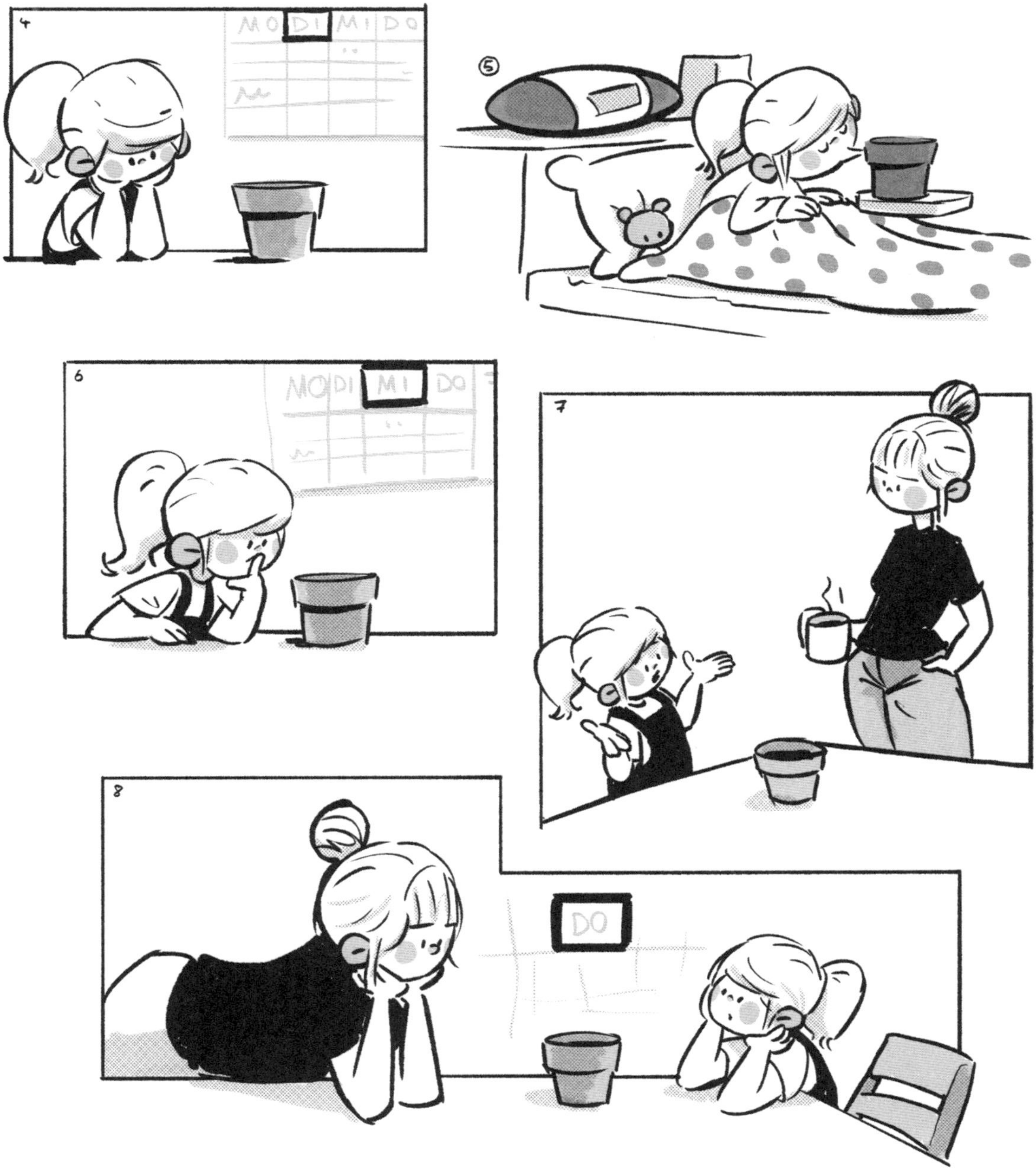
MO DI MI DO
MO DI MI DO
DO

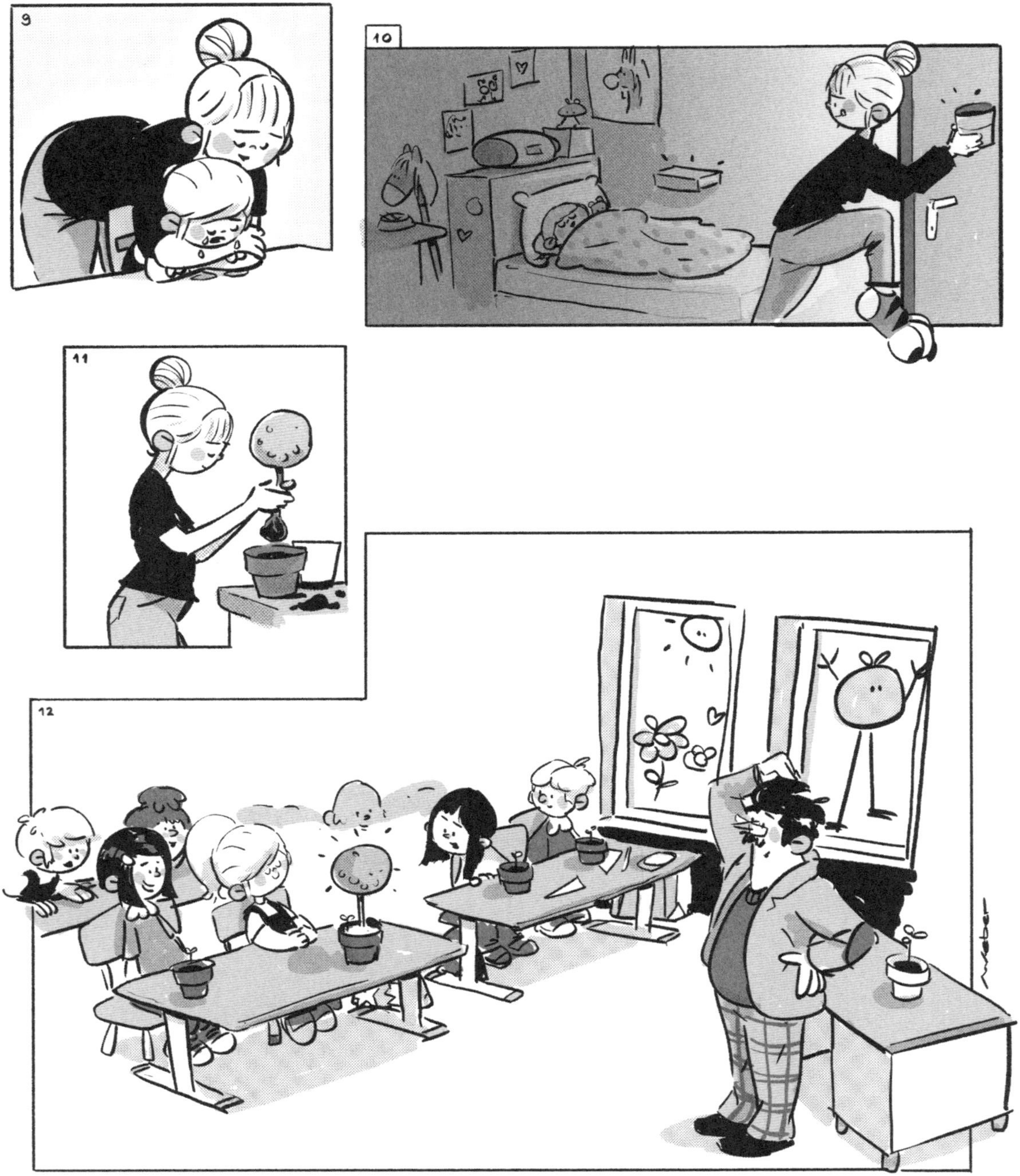

Die schwere Hausaufgabe

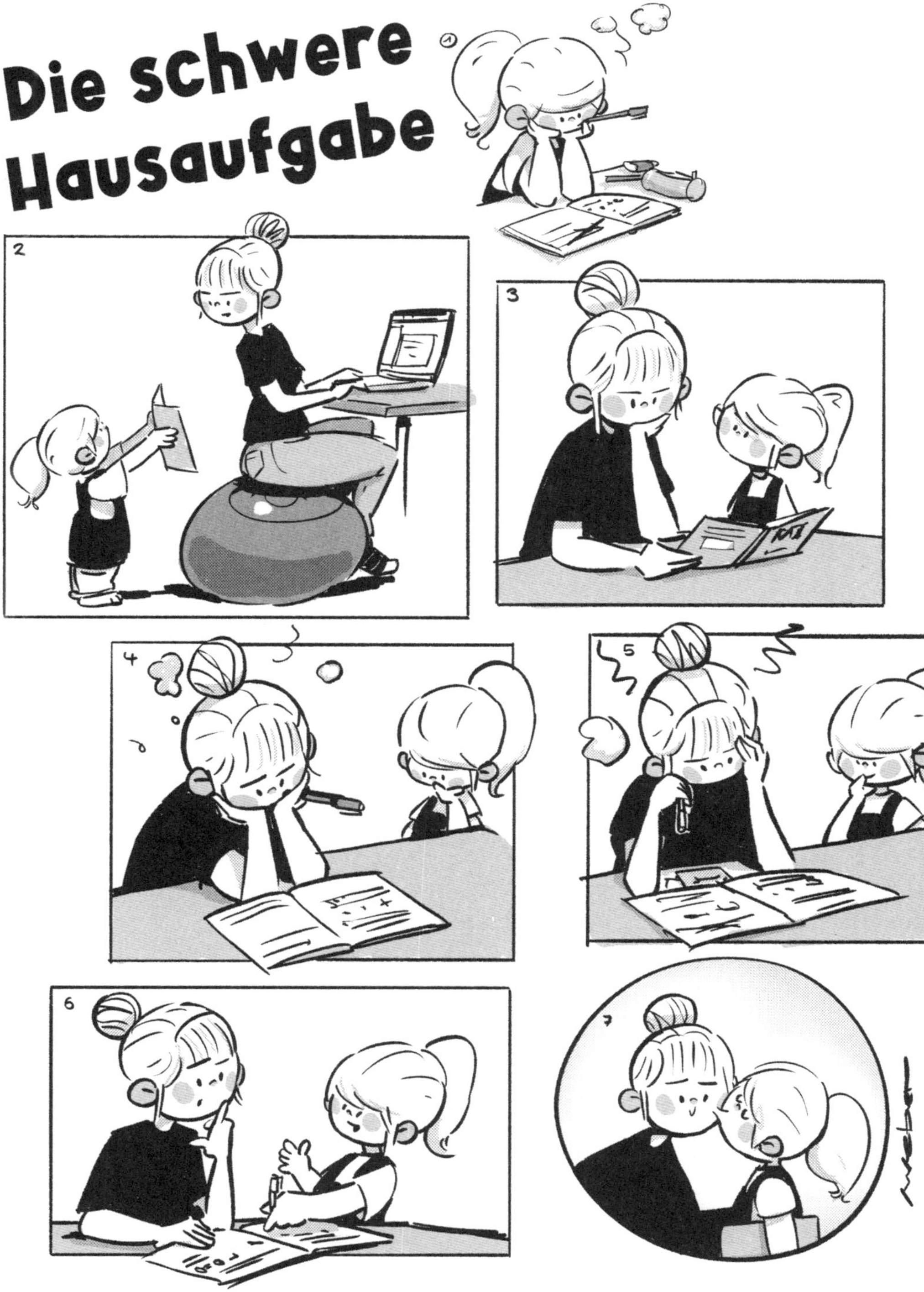

Die süße Botschaft

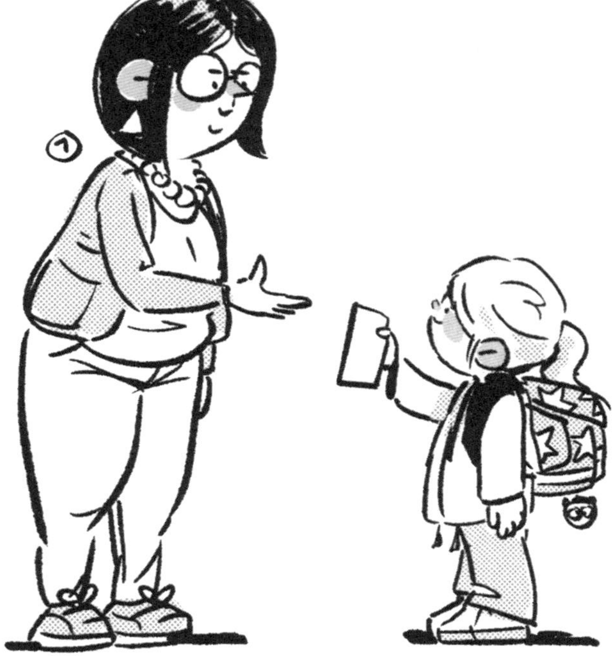

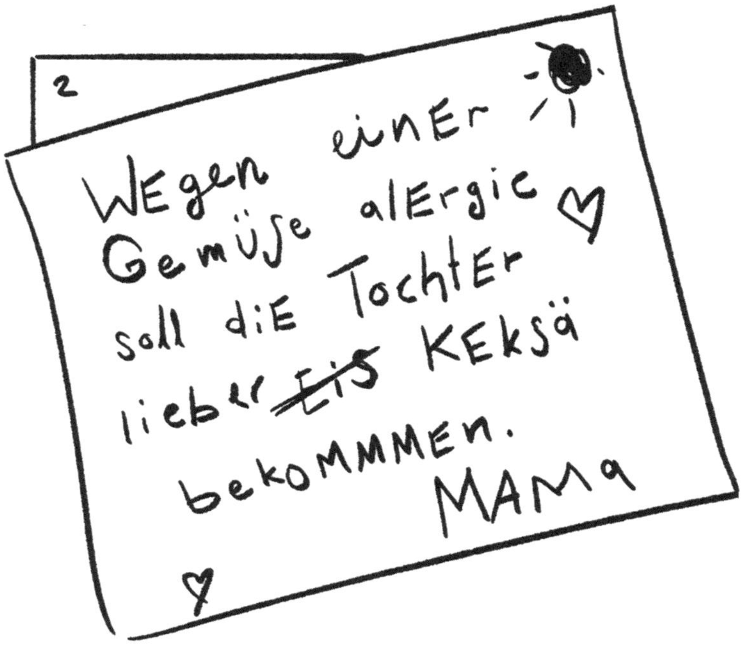

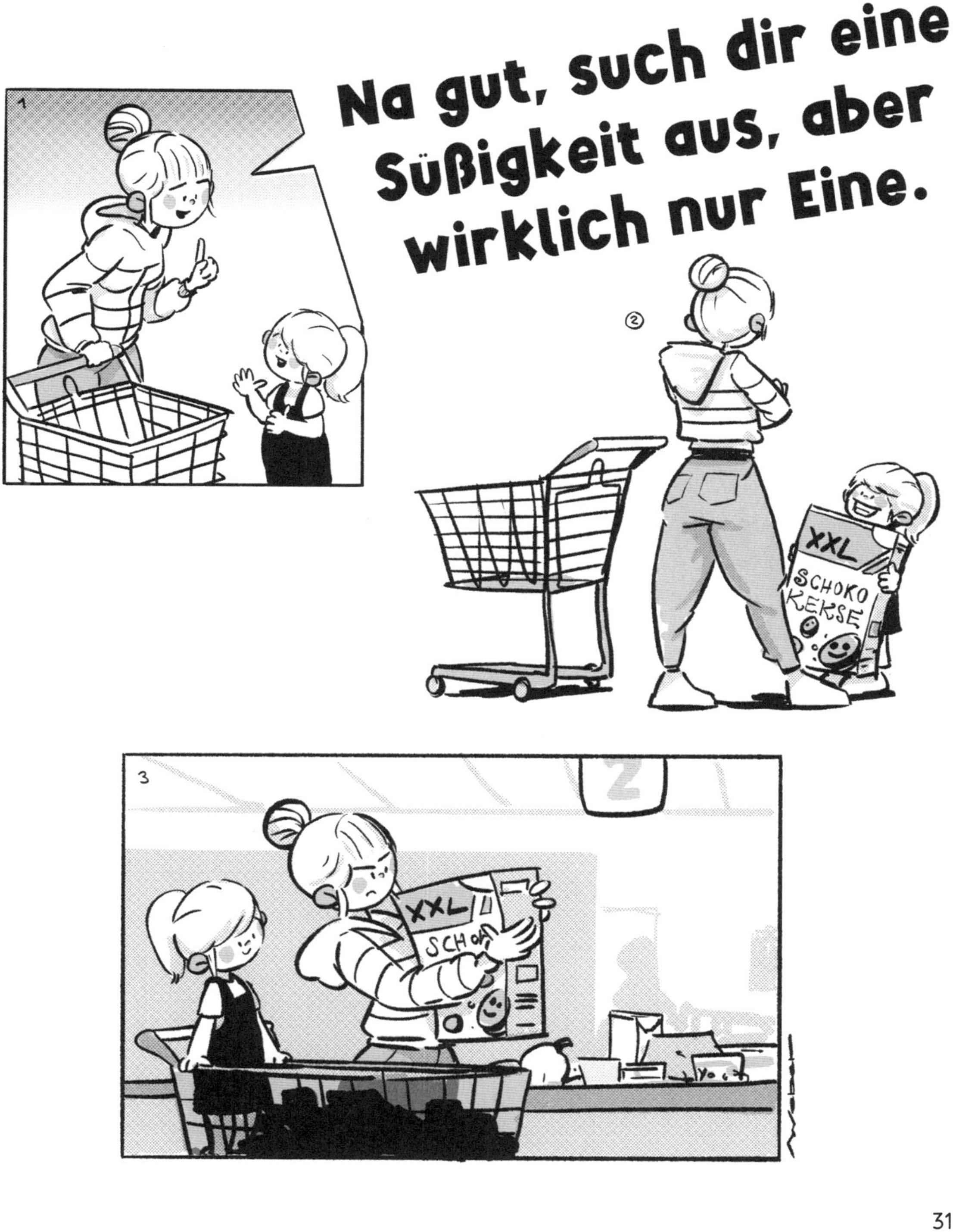
Na gut, such dir eine Süßigkeit aus, aber wirklich nur Eine.
XXL
SCHOKO KEKSE
XXL
SCHO

Die trojanische Paprika

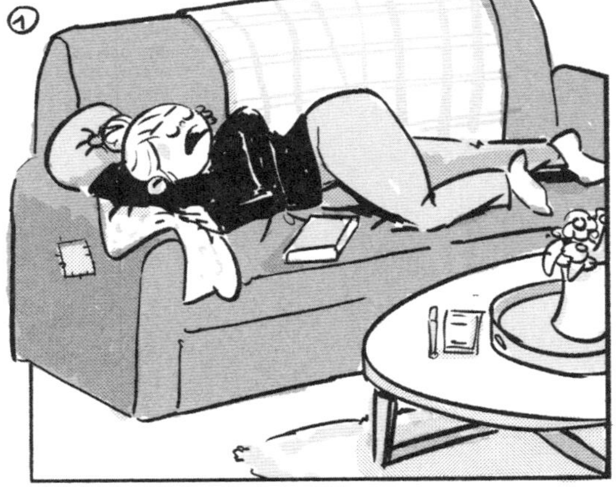

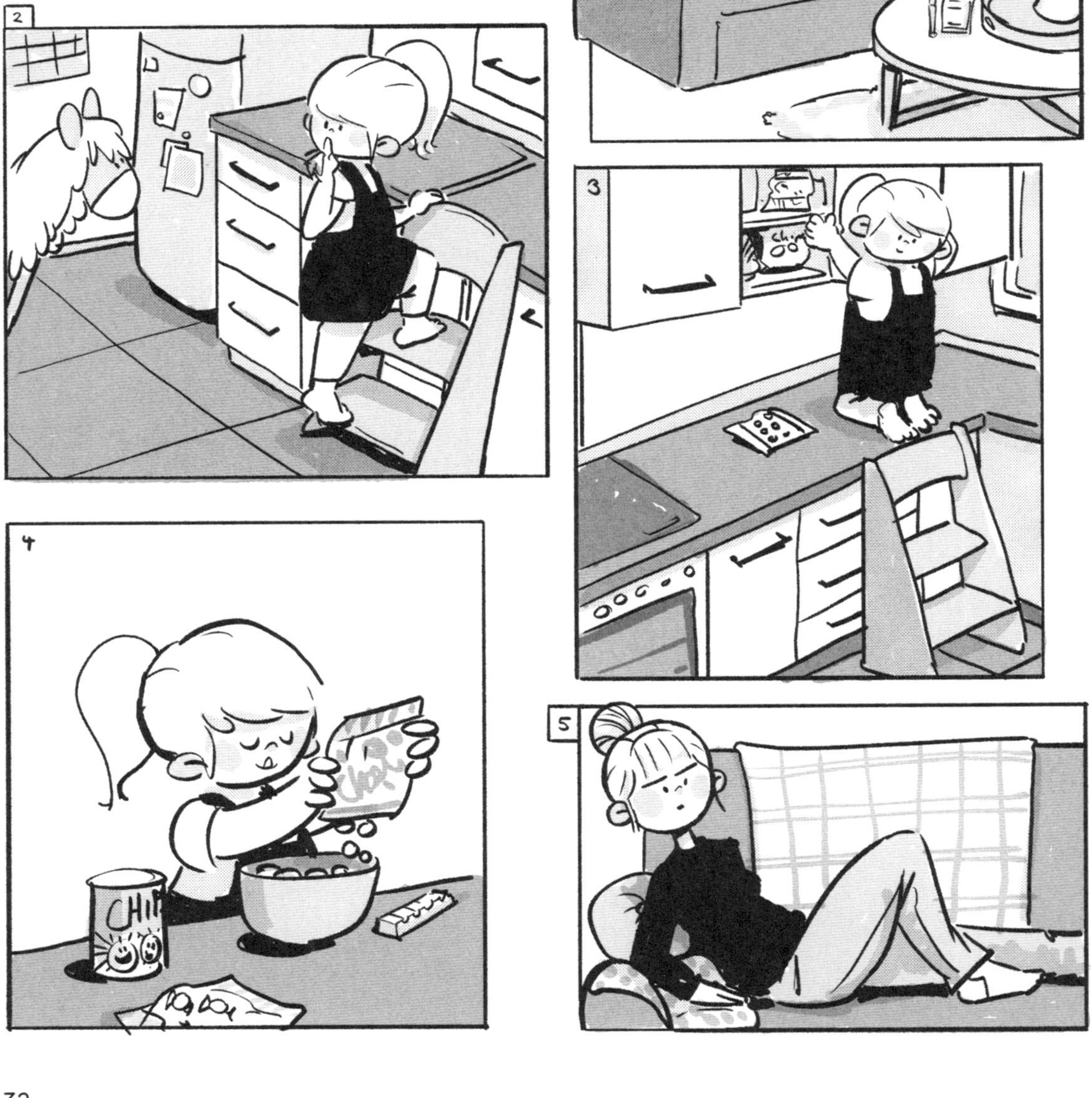

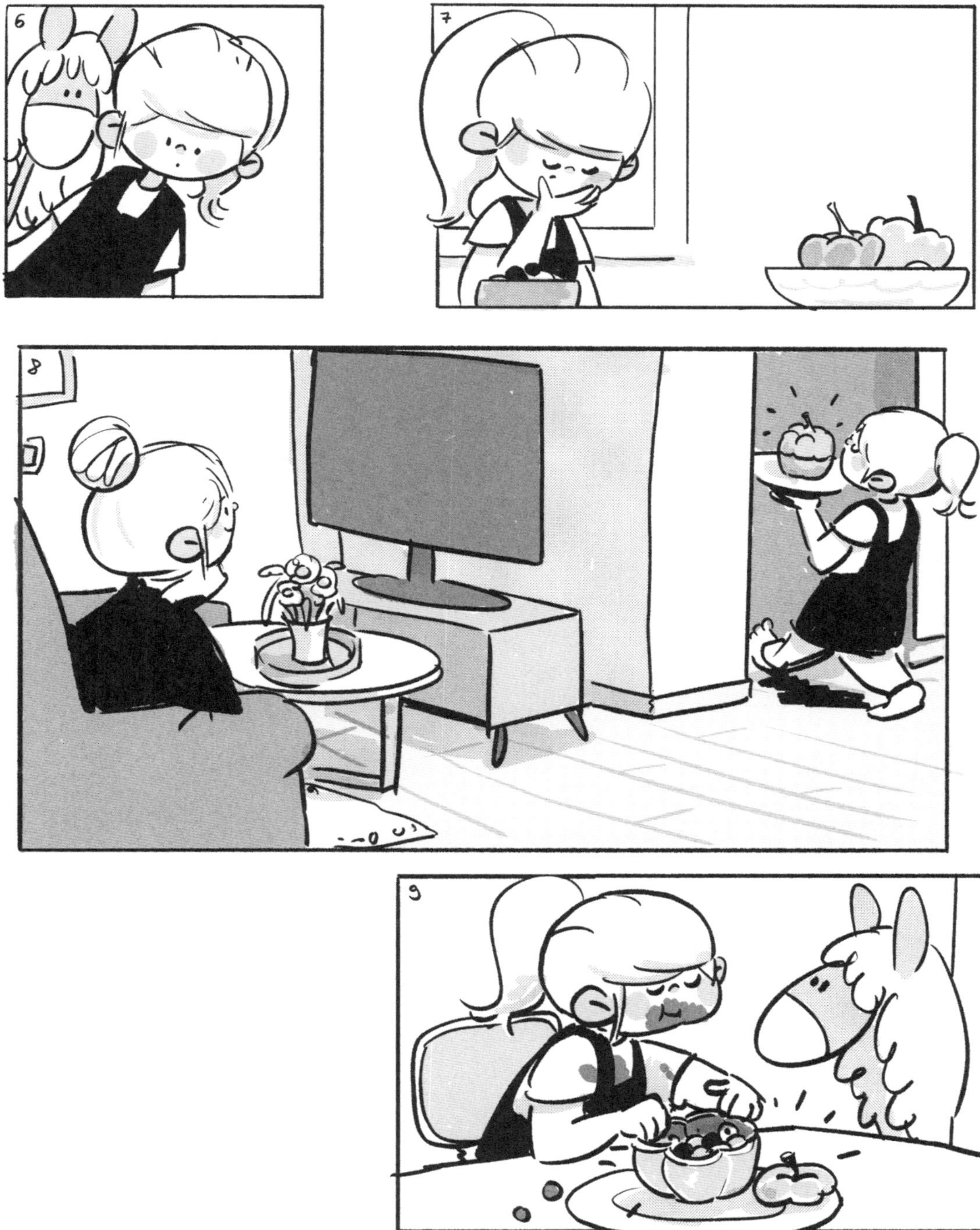

Das kommt mir nicht in den Wagen

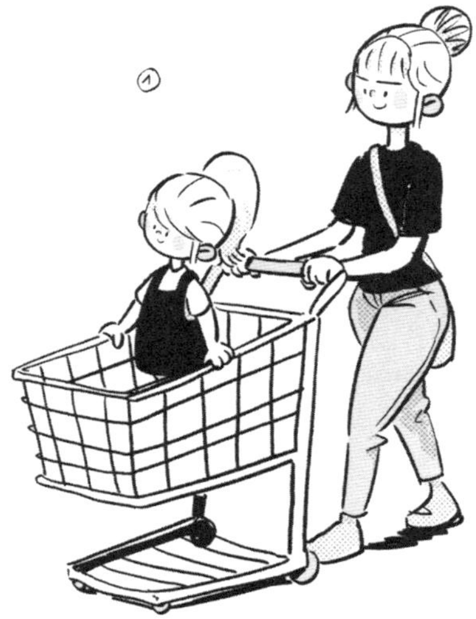

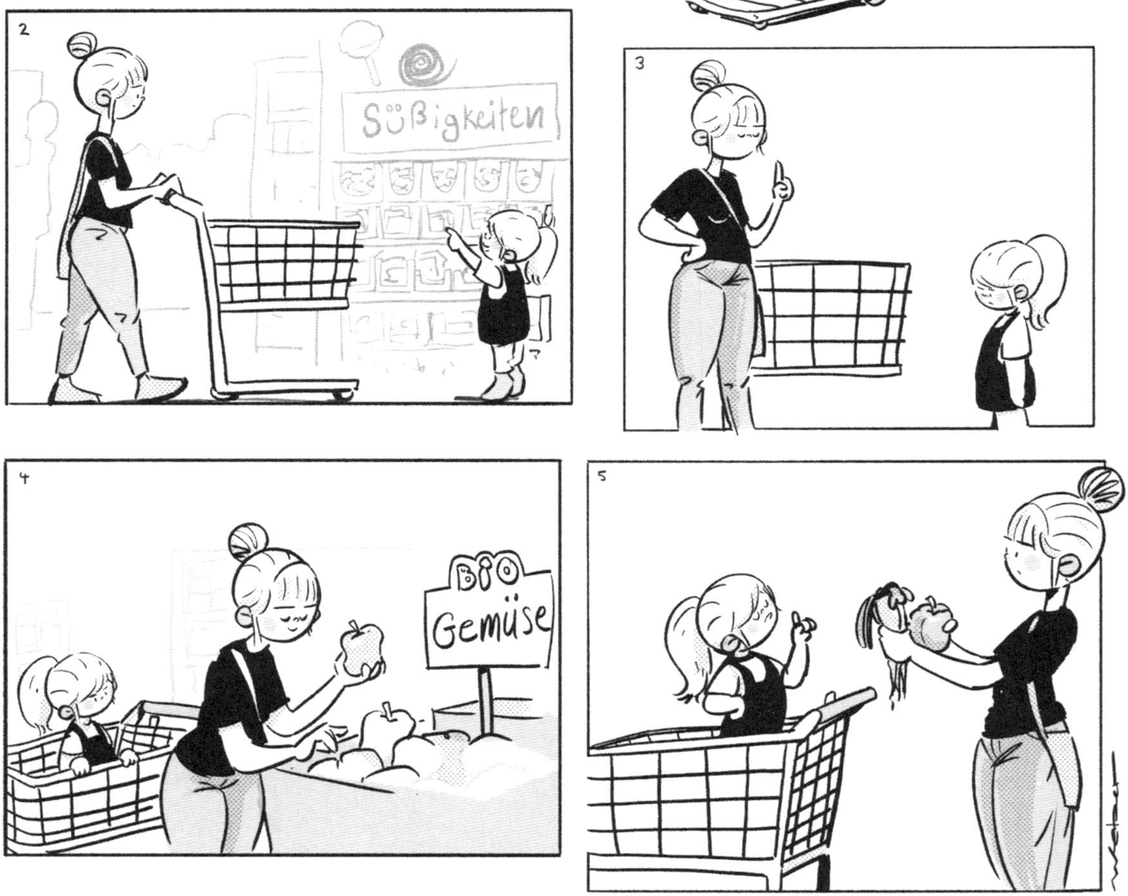

Die TOP(f) Frisur

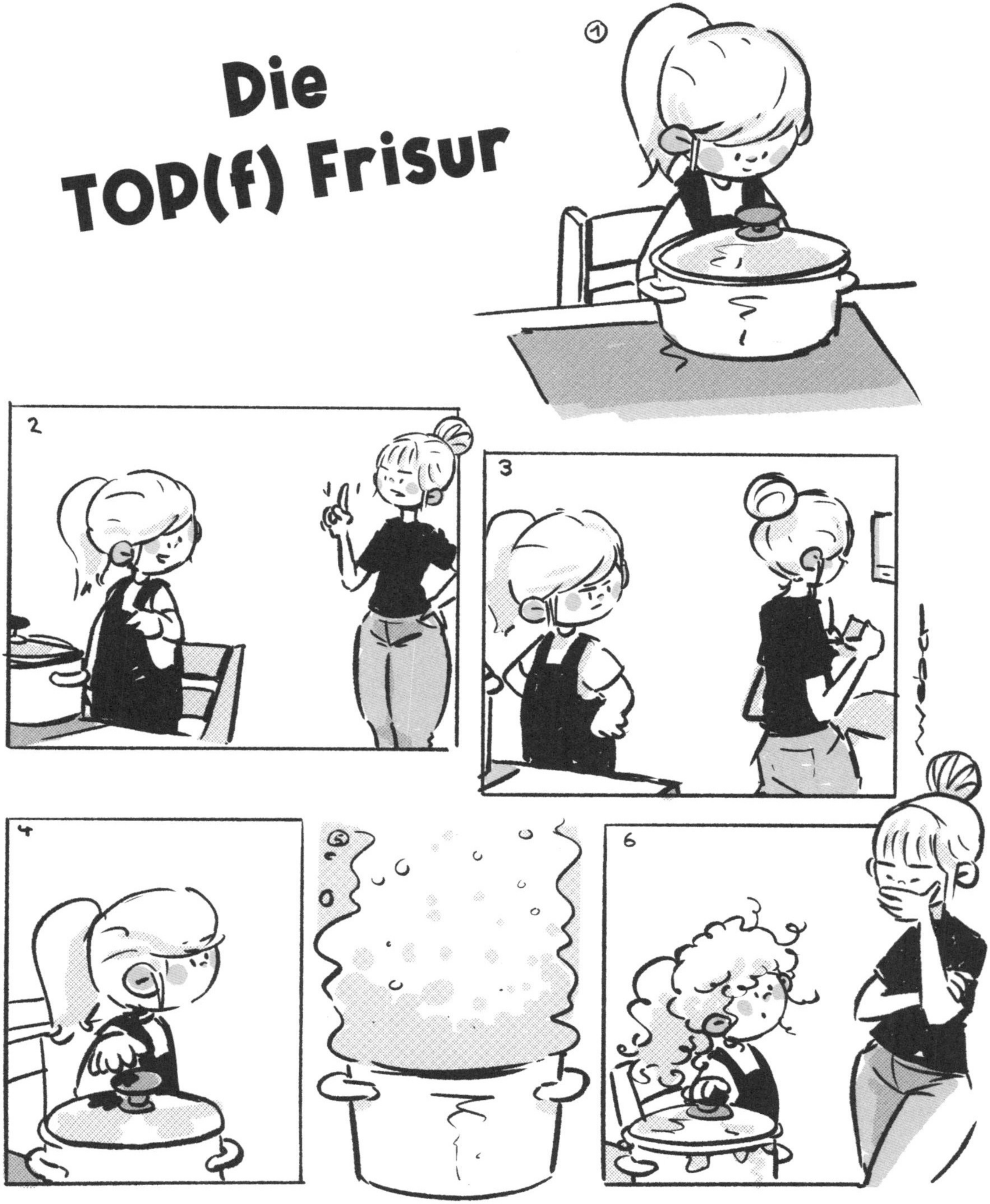

Das Auge isst mit

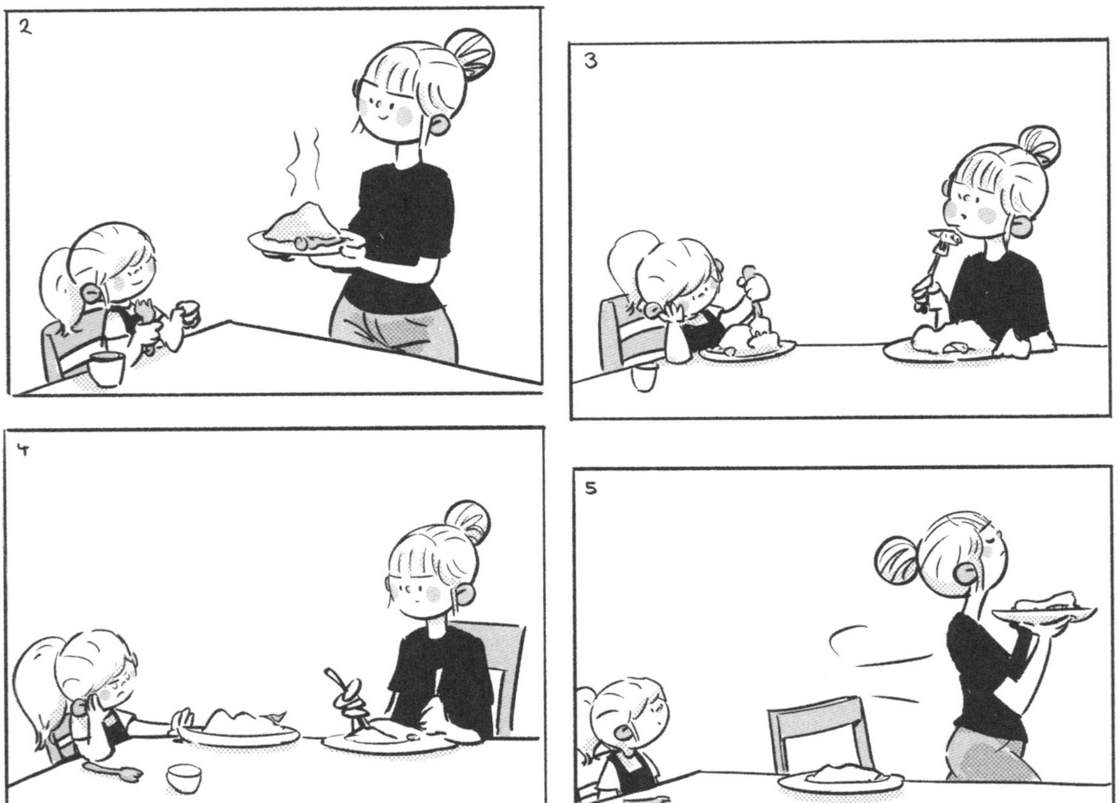

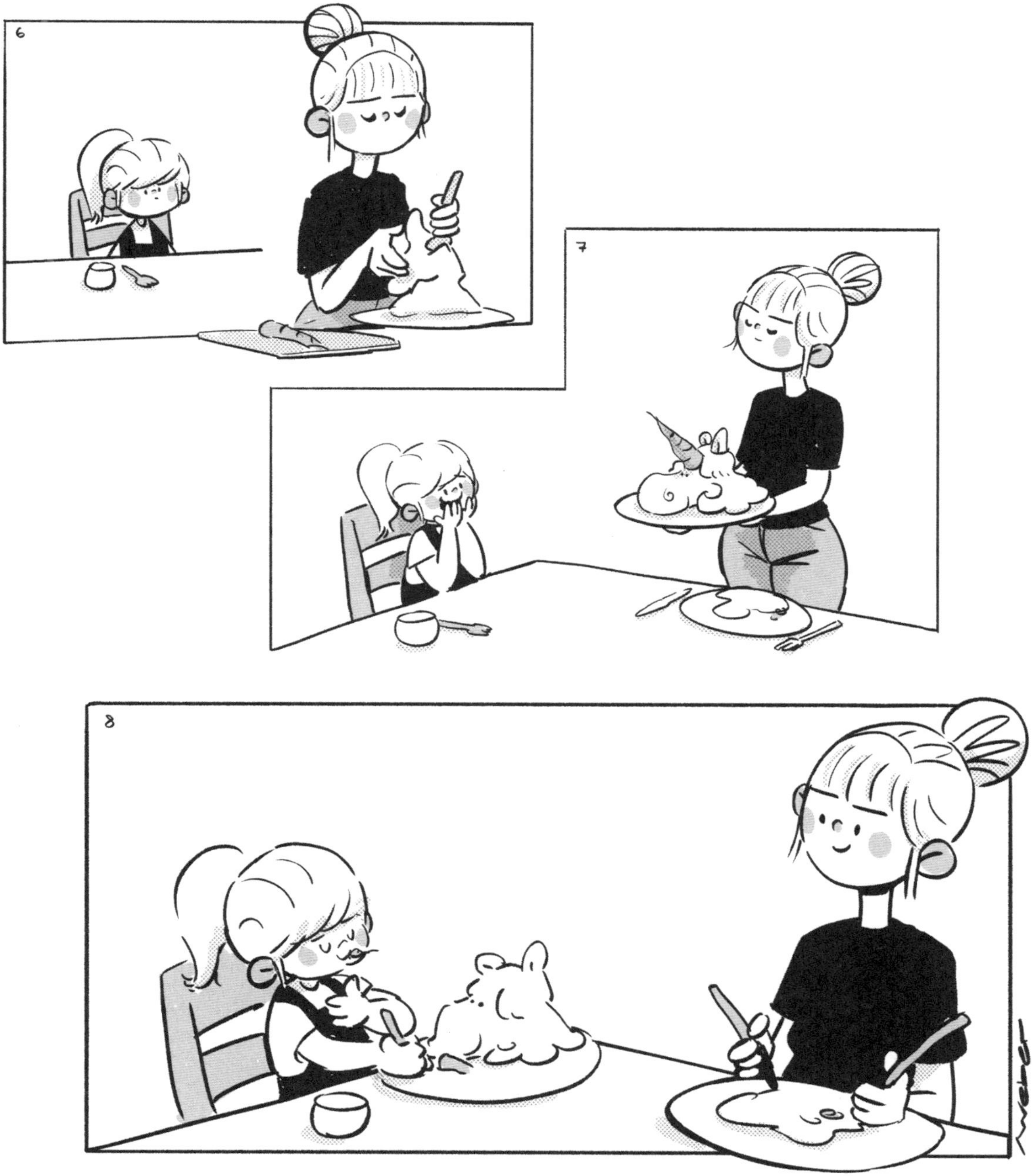

Nur heiße Luft

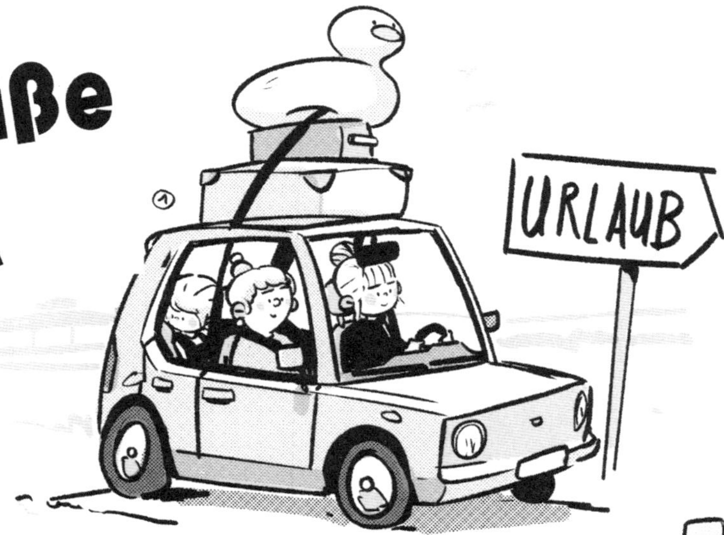

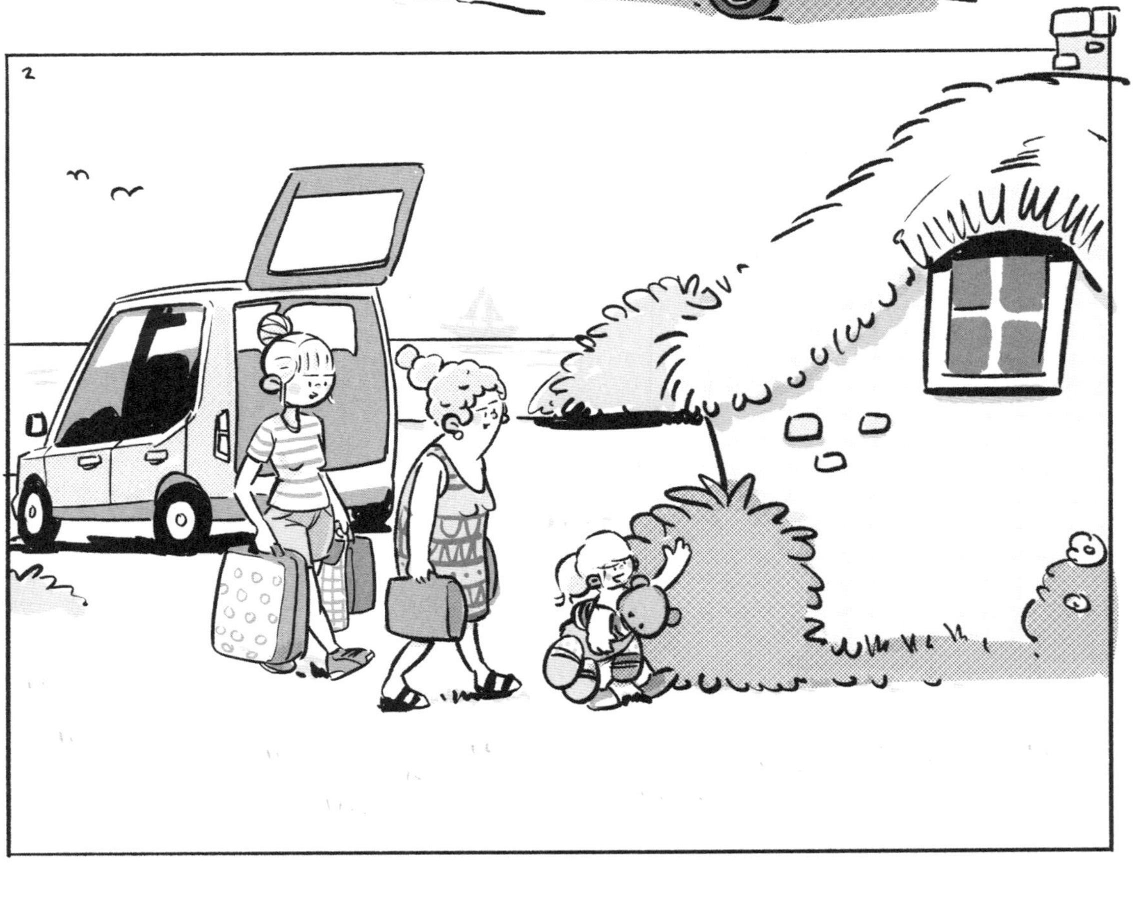

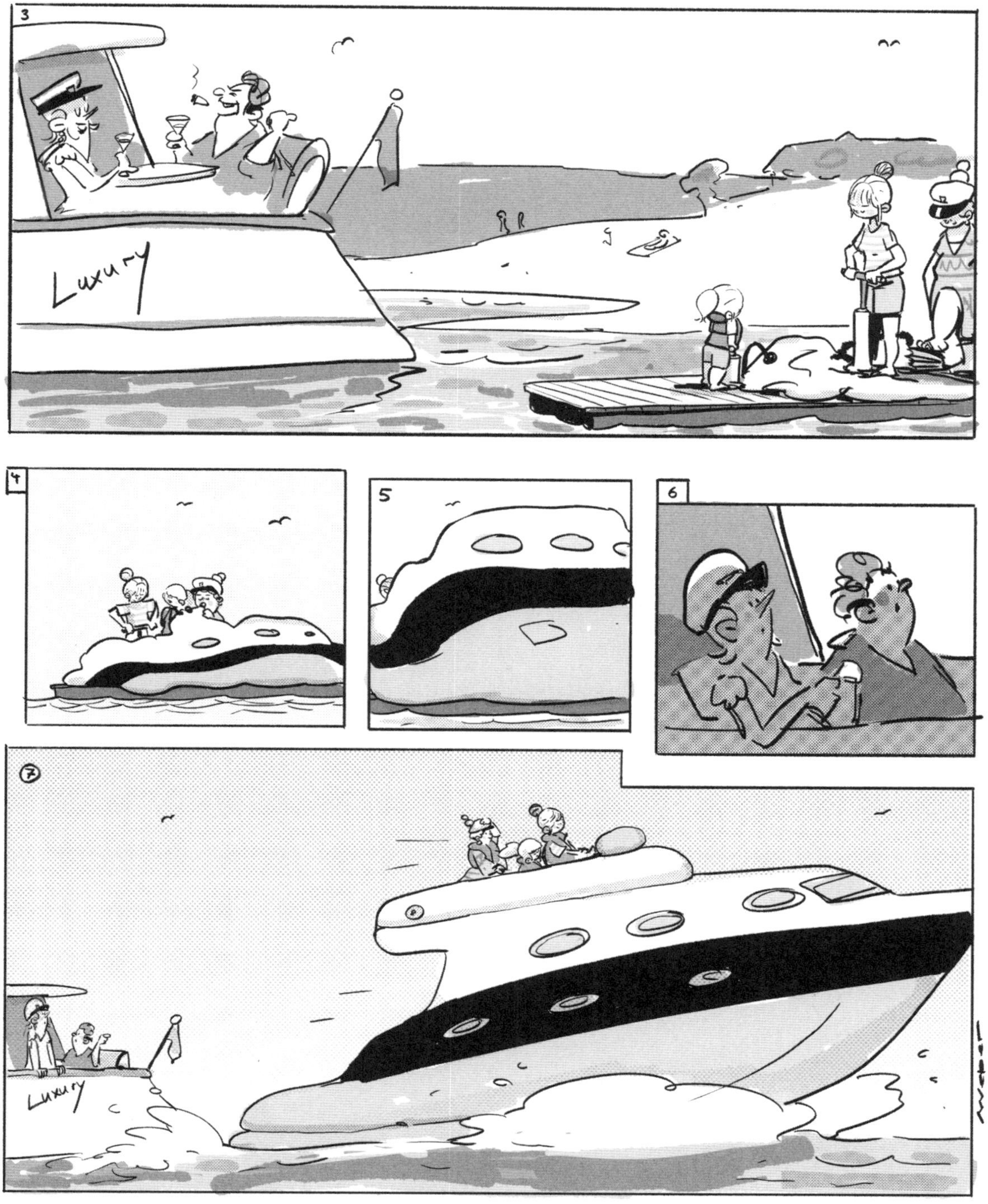
3
Luxury
4
5
6
7
Luxury

Nahe Verwandte

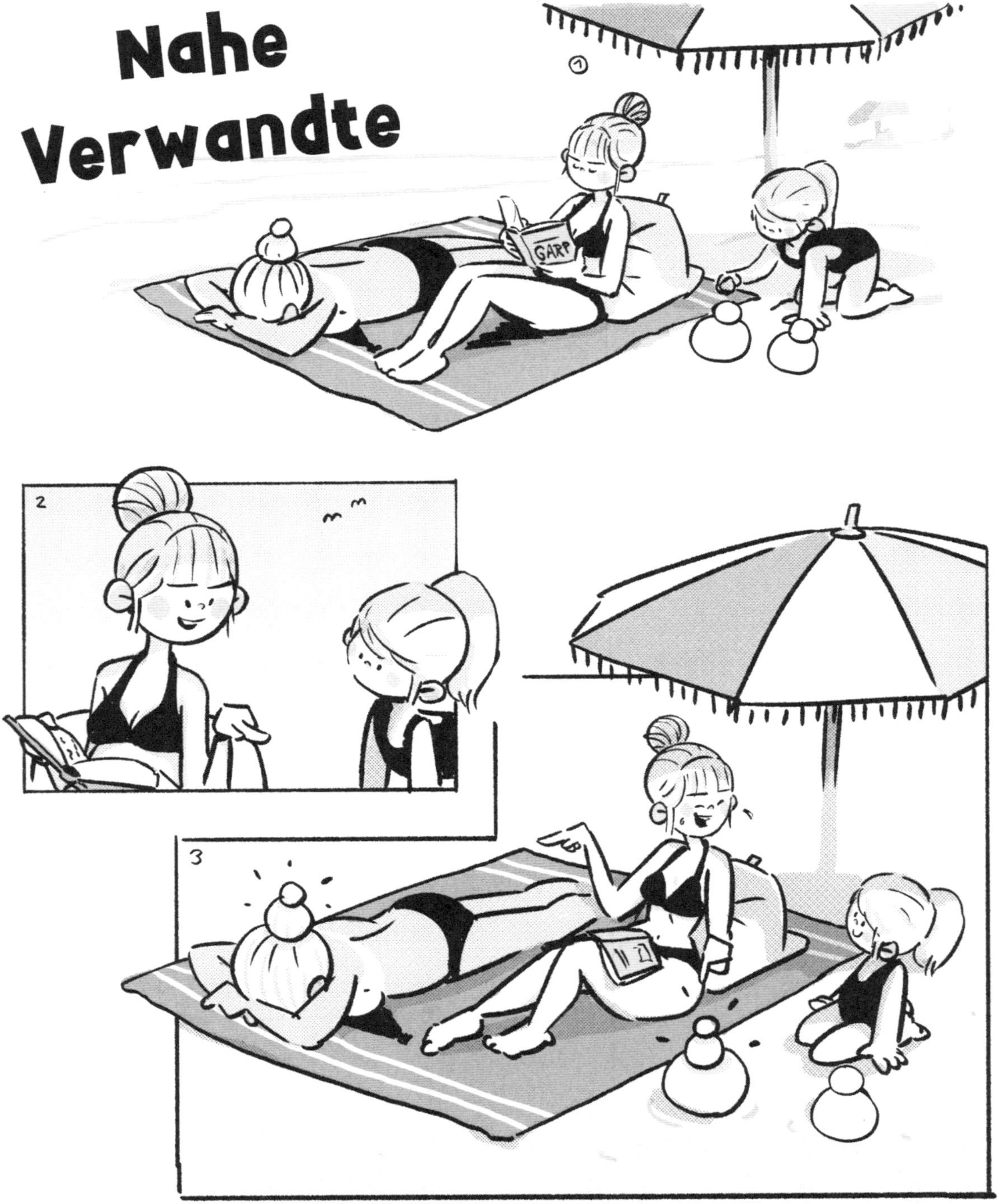

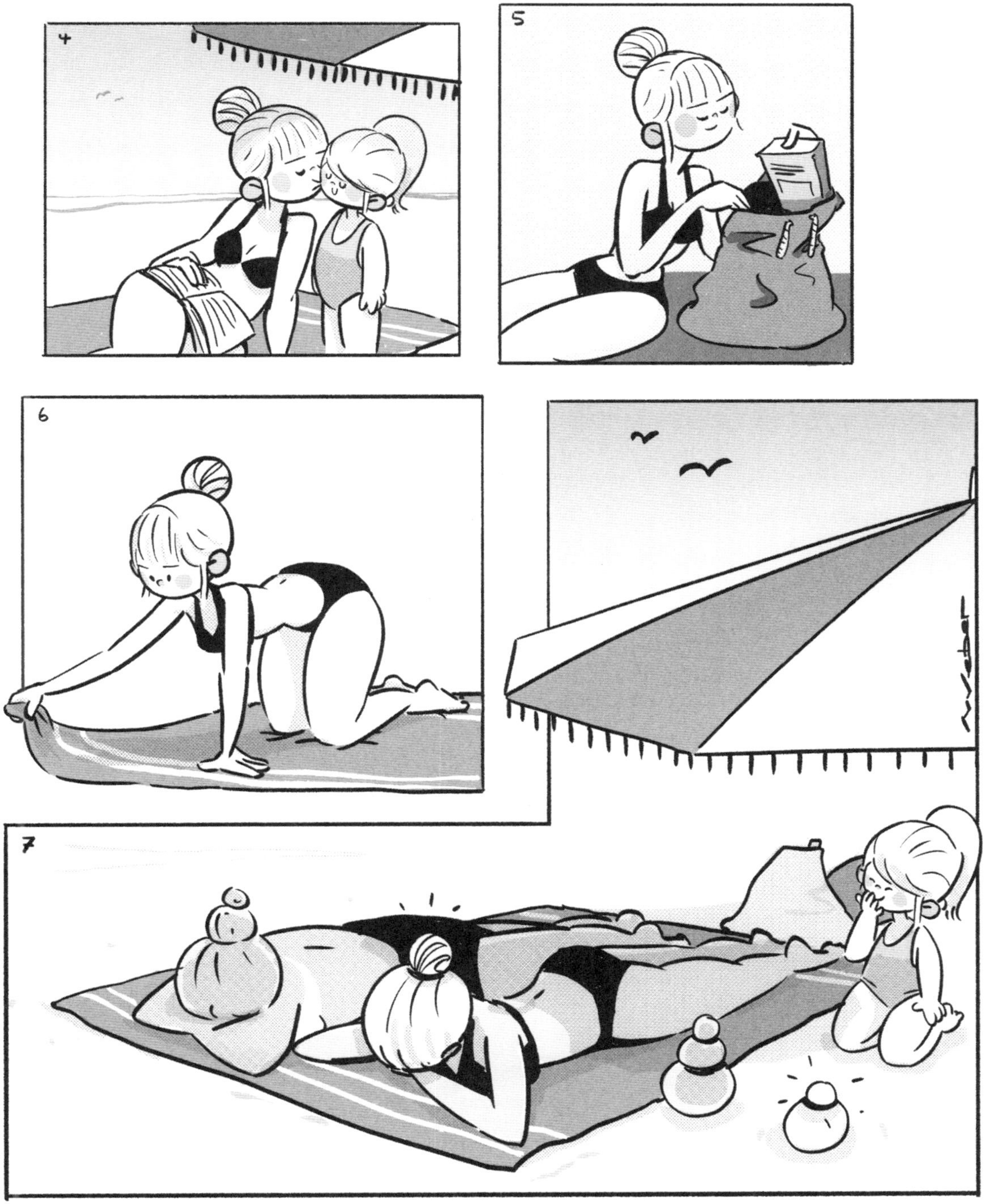
4
5
6
7

Lock'n'Roll Bibie

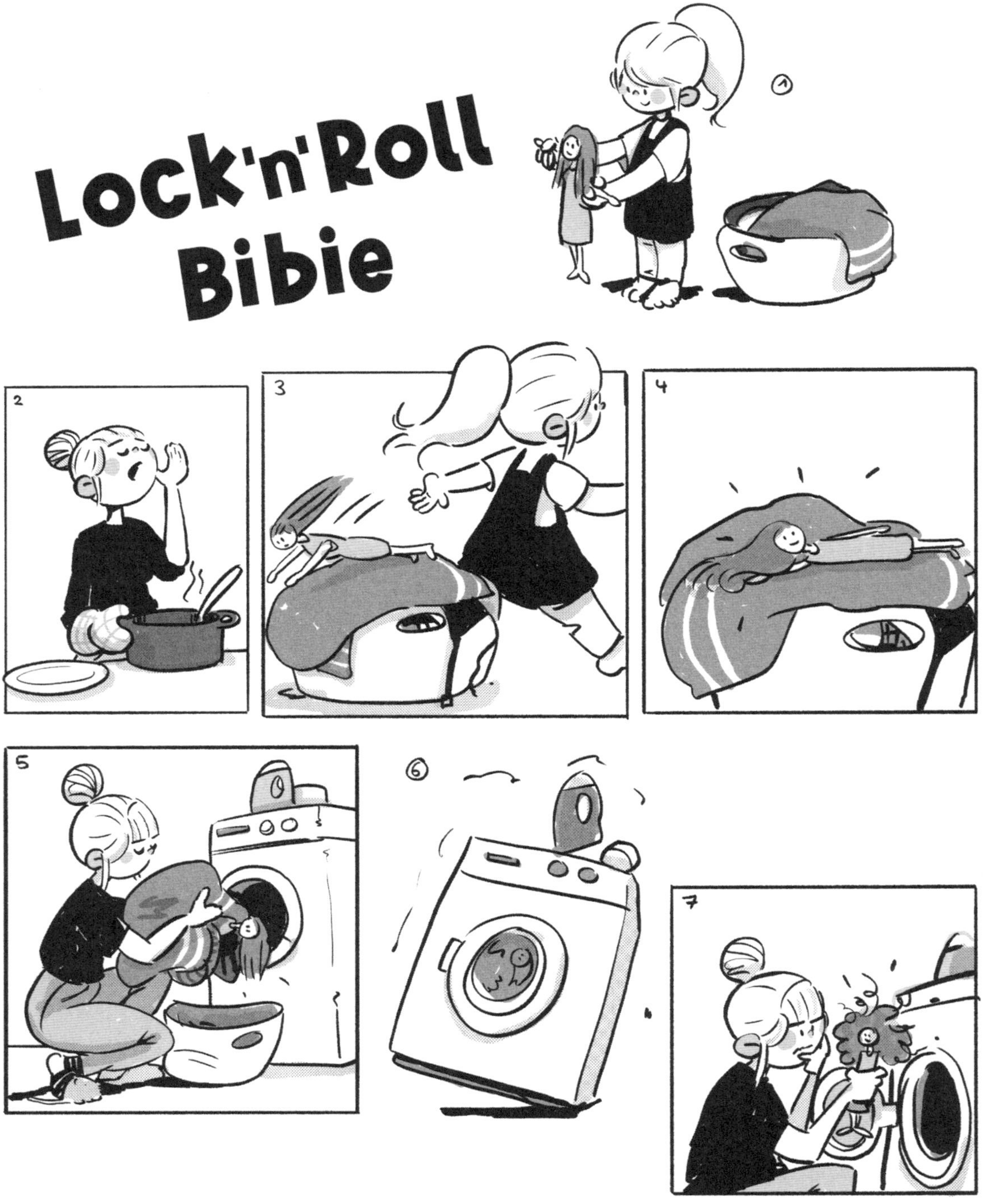

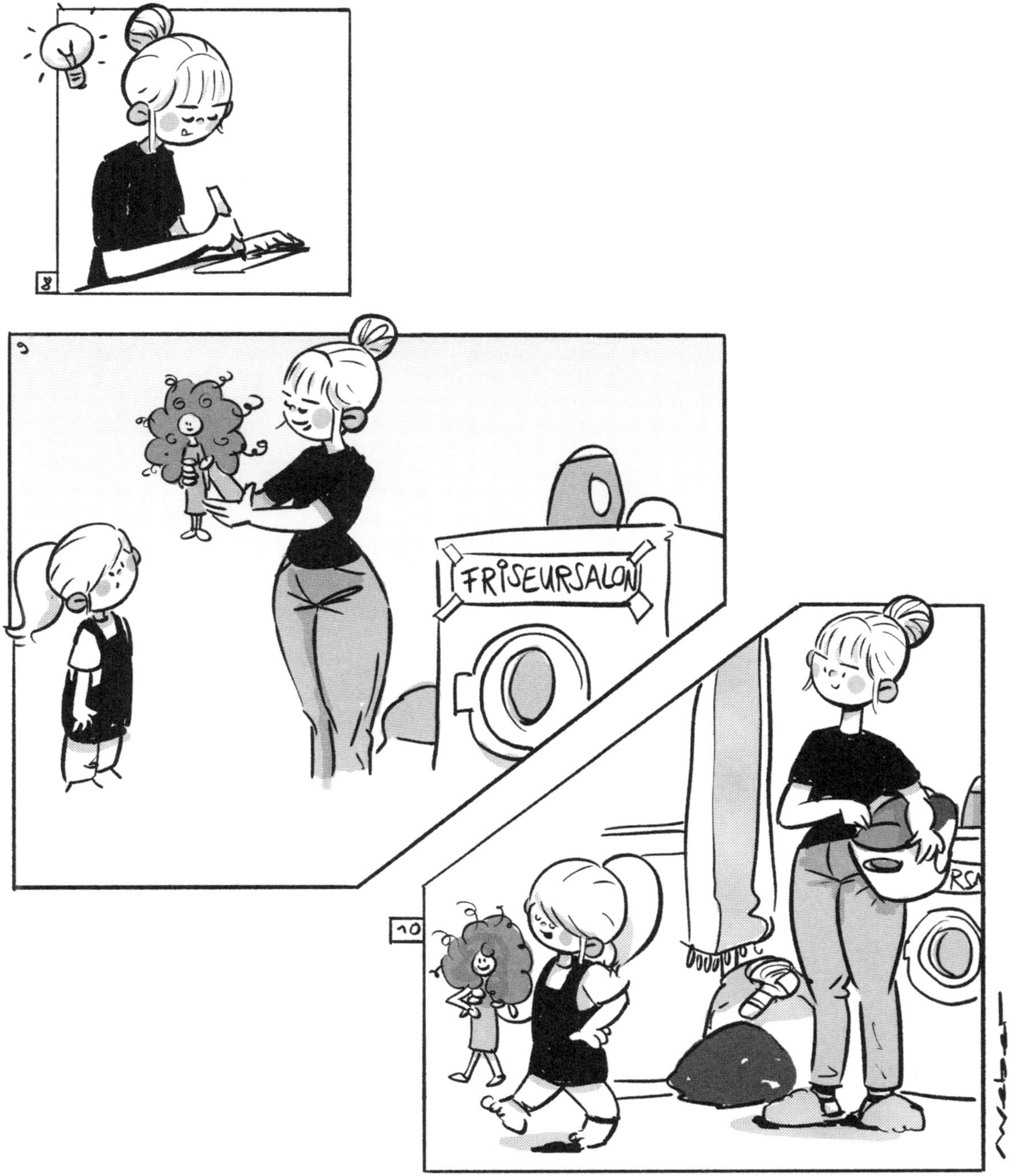
FRISEURSALON

In den Schuhen meiner Mutter

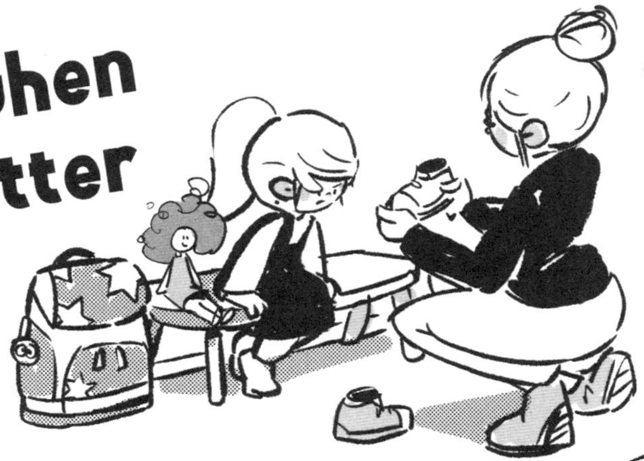

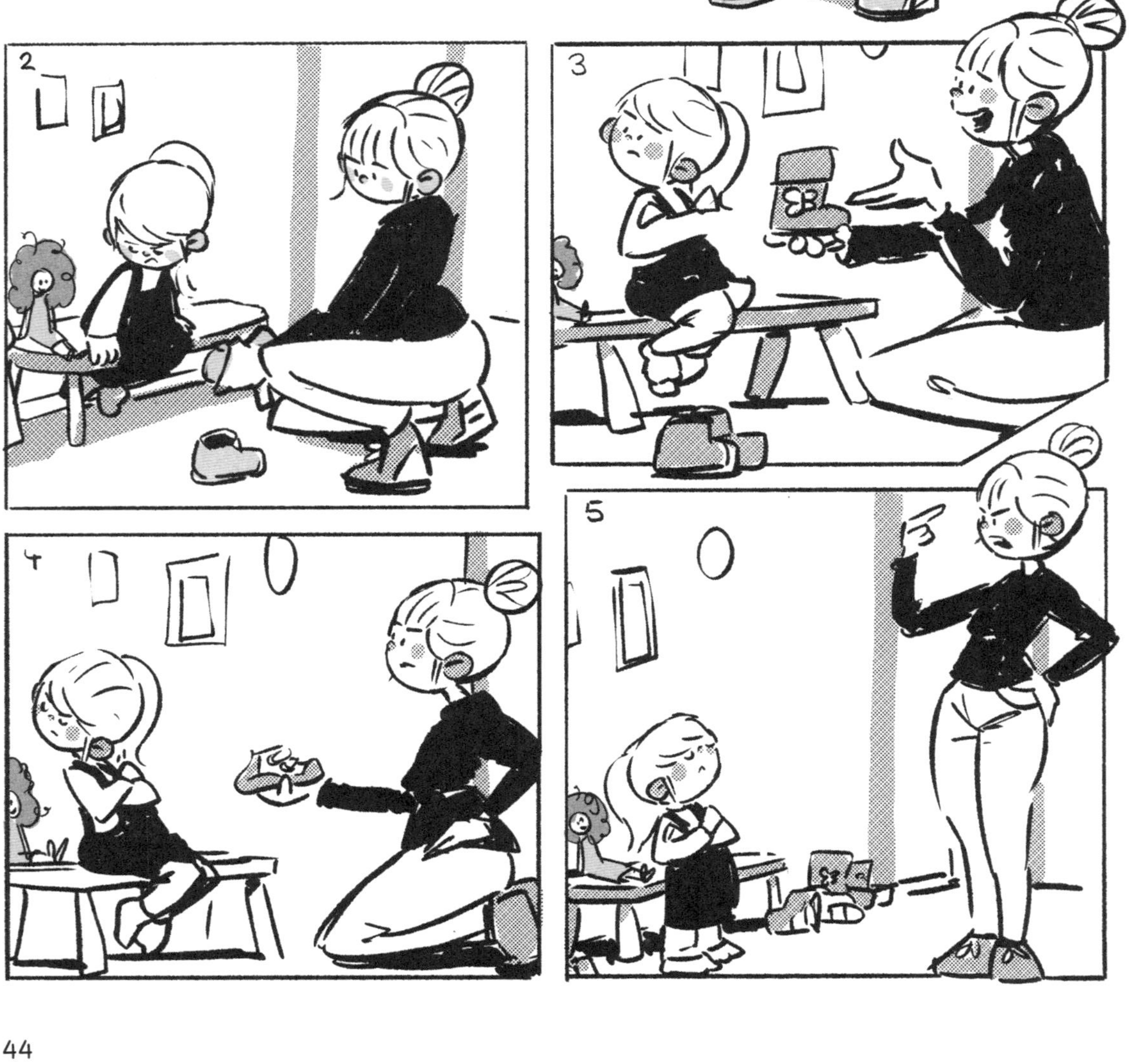

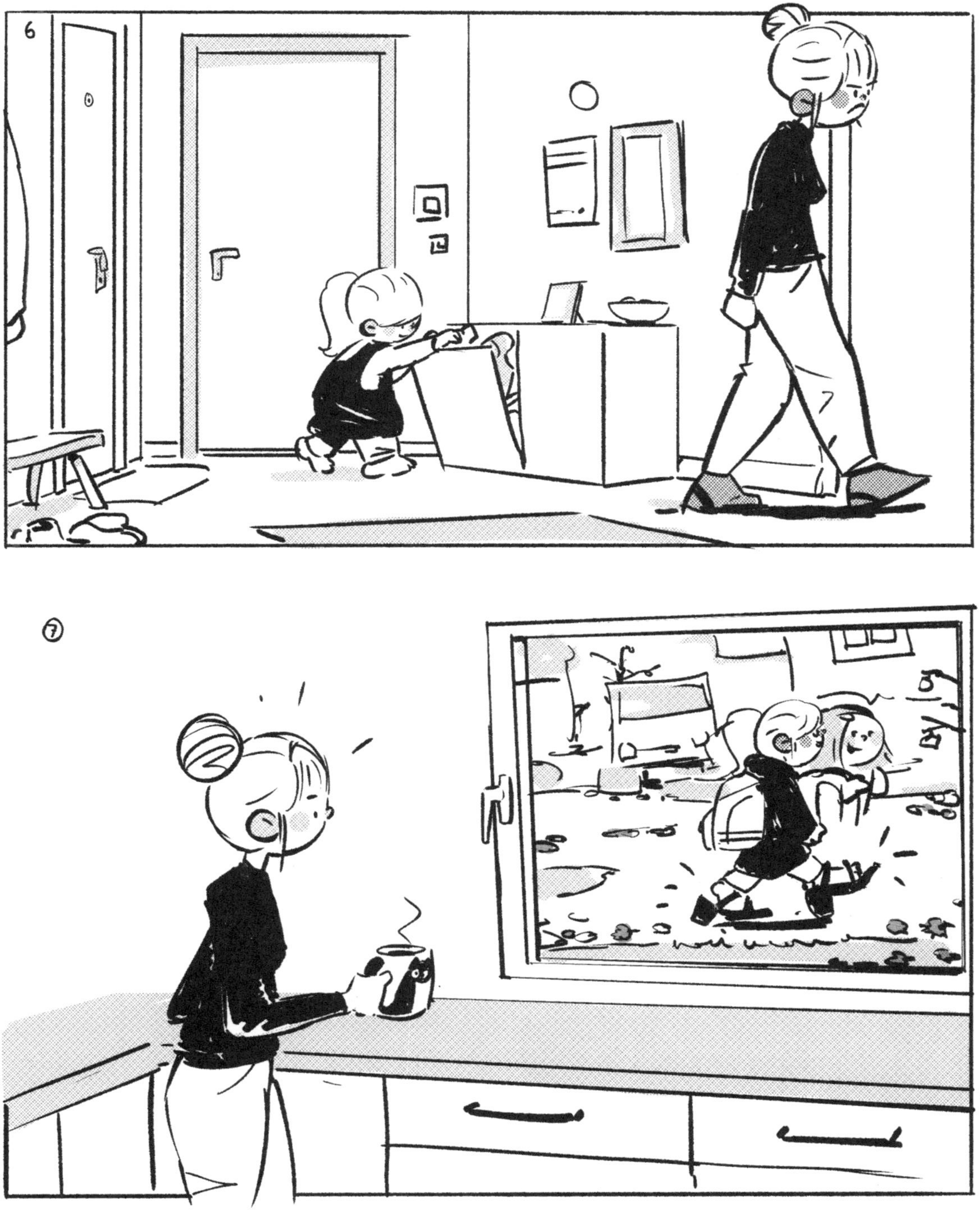

Spielend erledigt

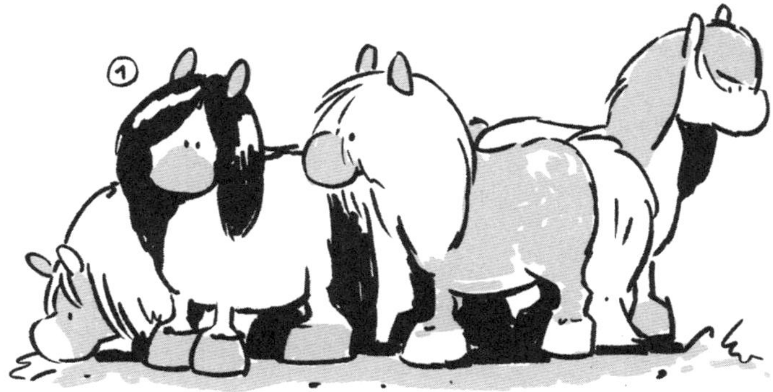

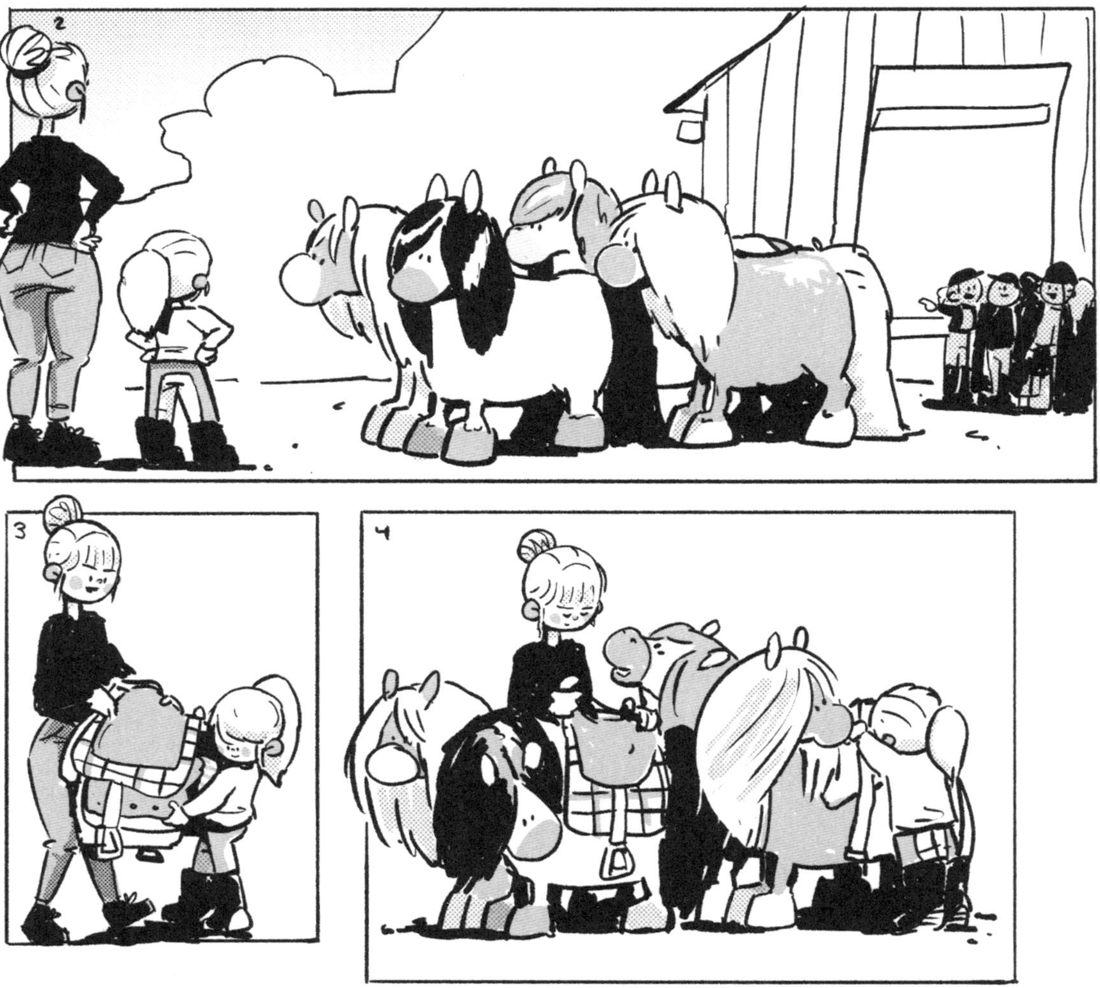

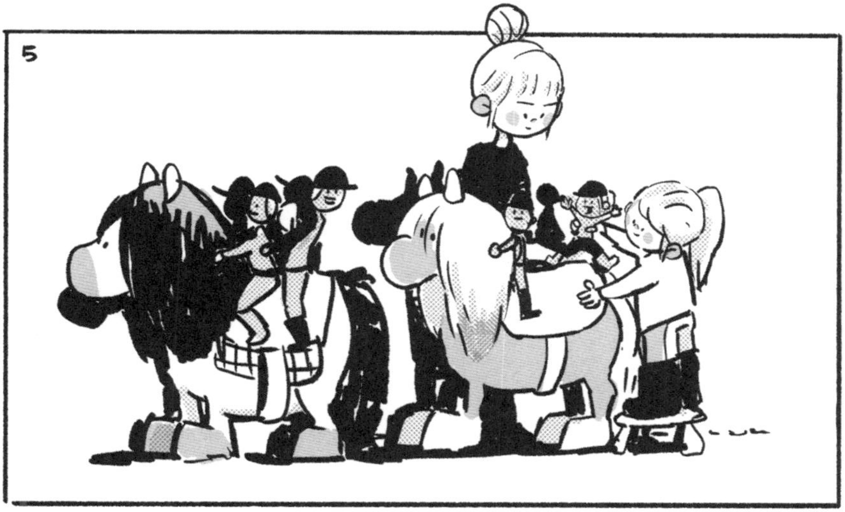

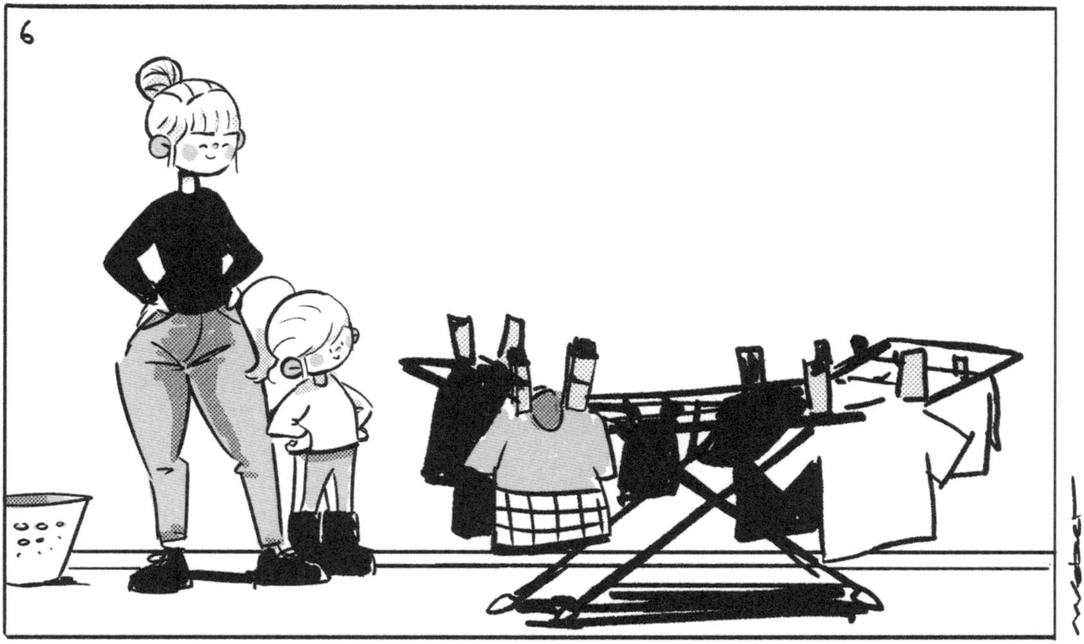

Pferdestärke

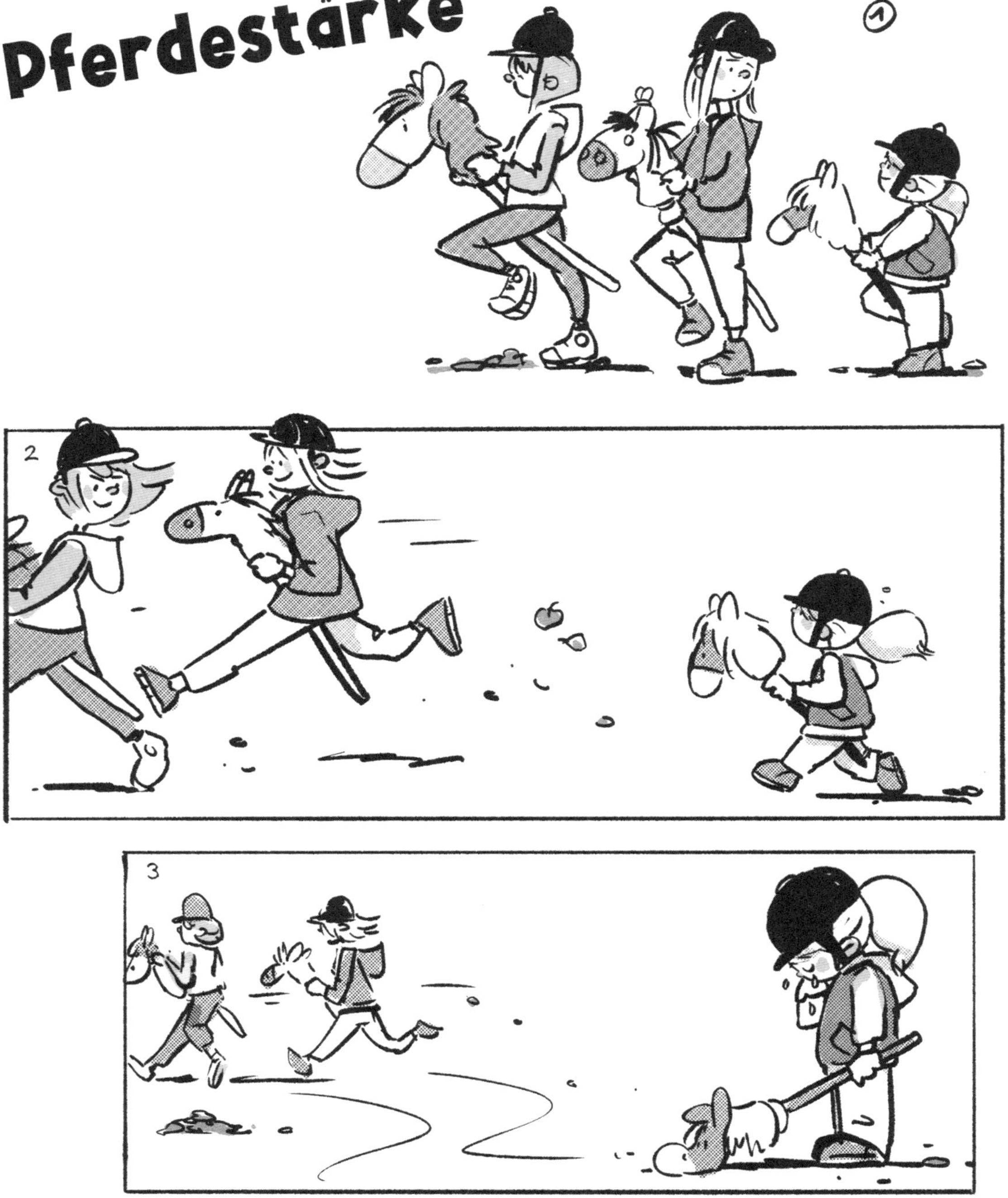

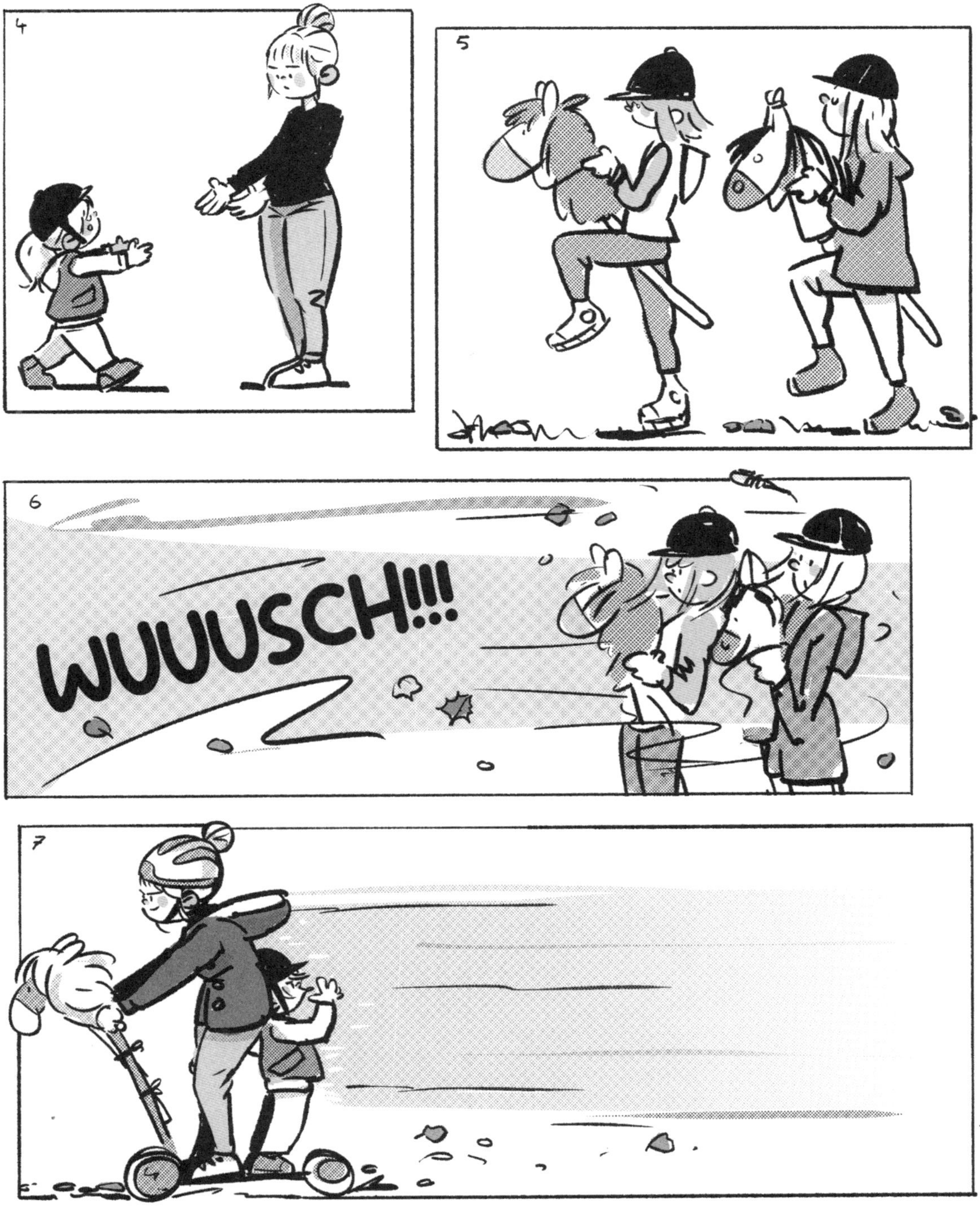
4
5
6
WUUUSCH!!!
7
weber

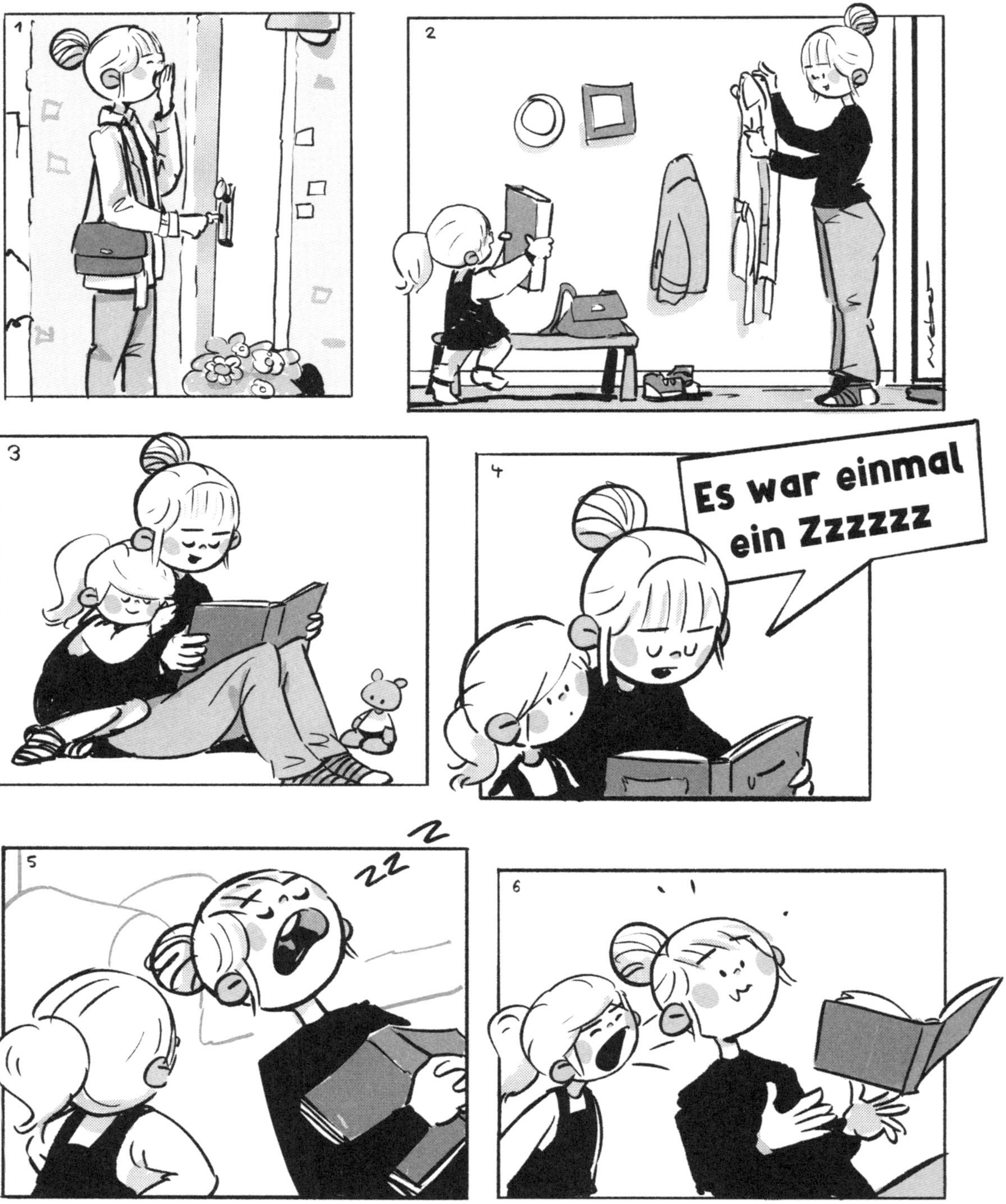
Es war einmal
ein Zzzzzz
ZZZ

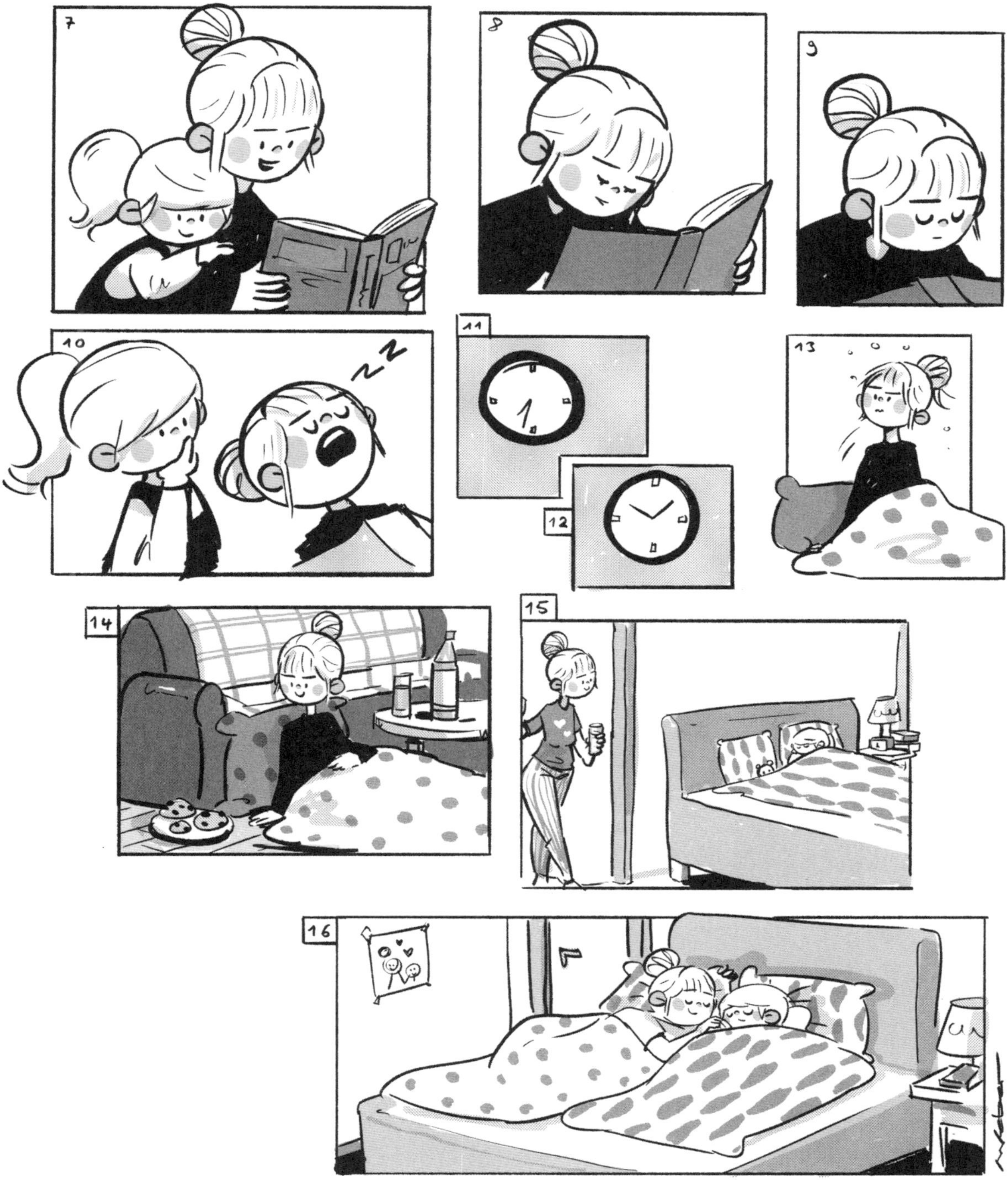

Das himmlische Essen

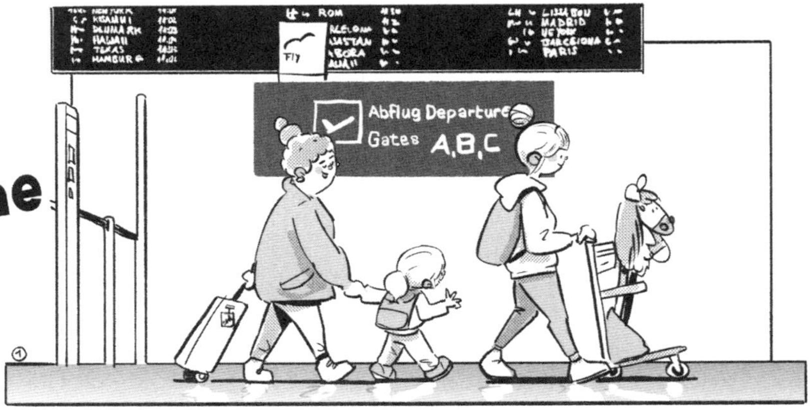

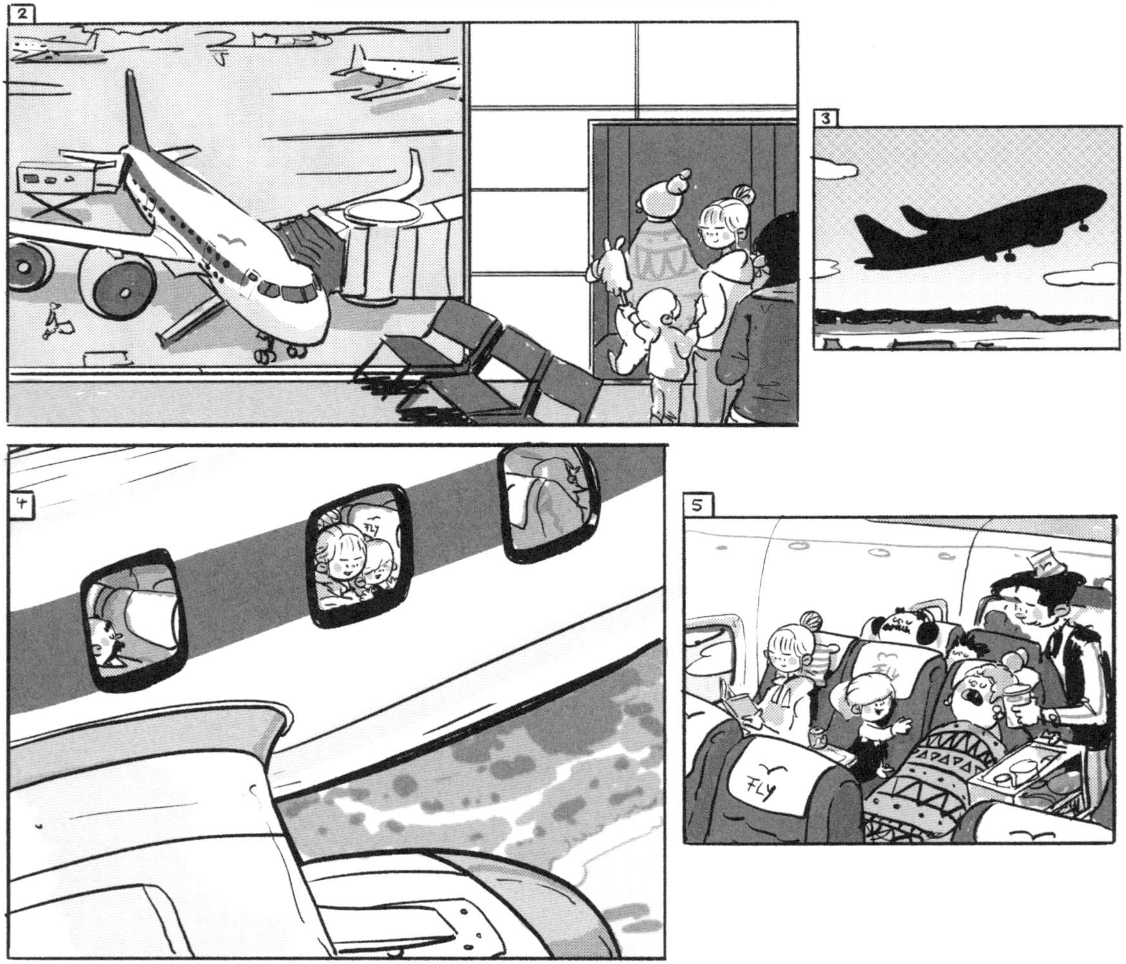

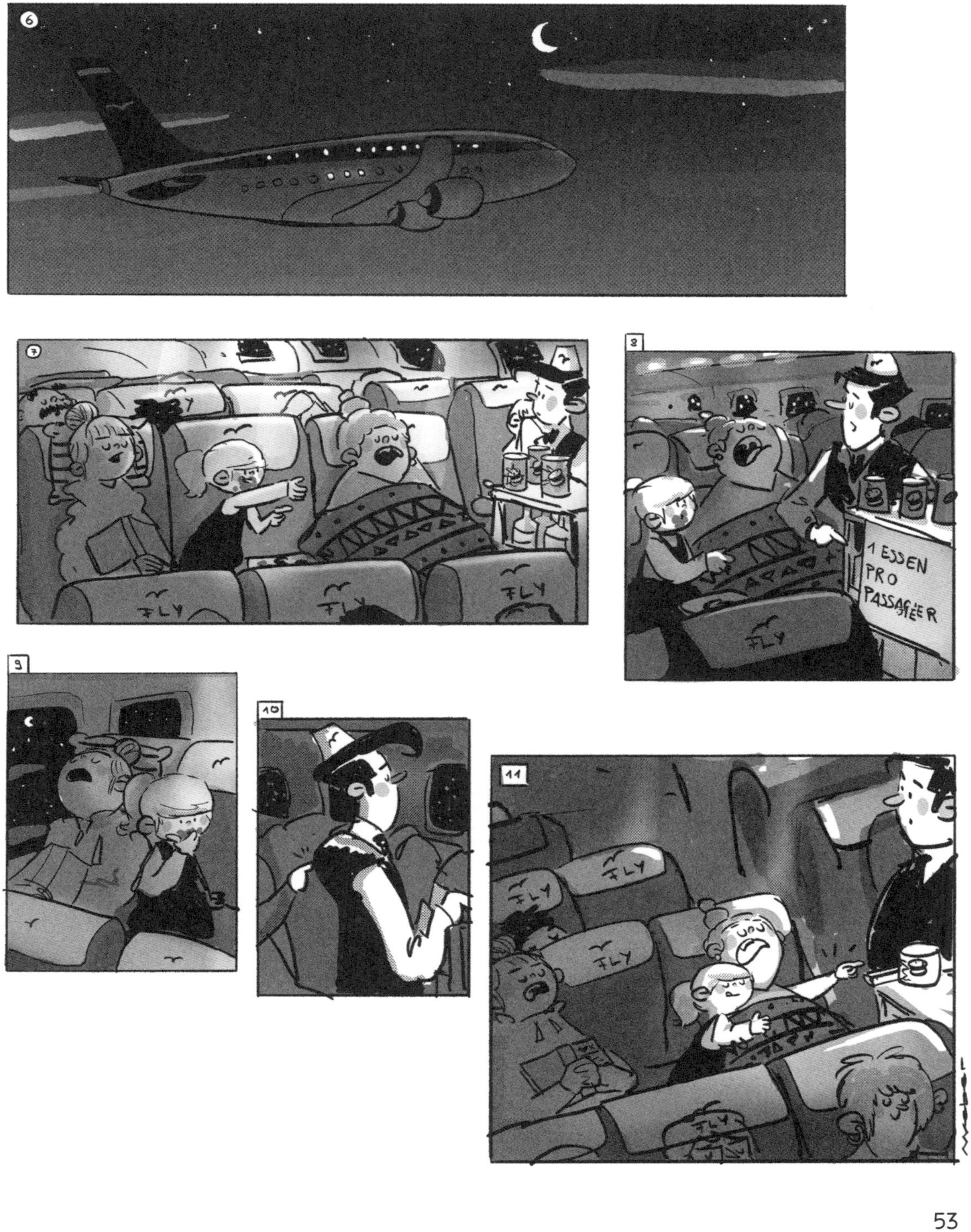
1 ESSEN PRO PASSAGIER

Entfernte Verwandte

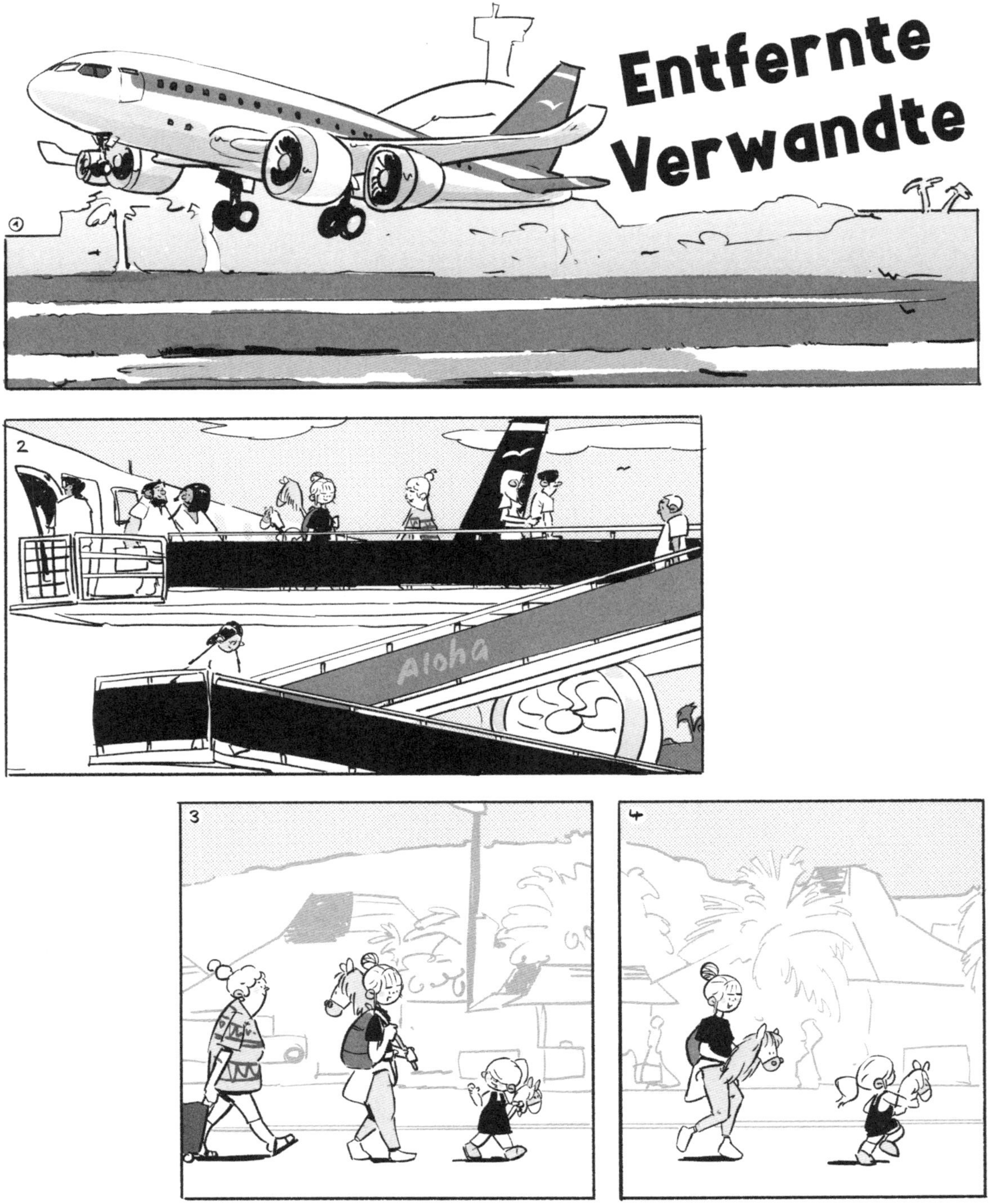

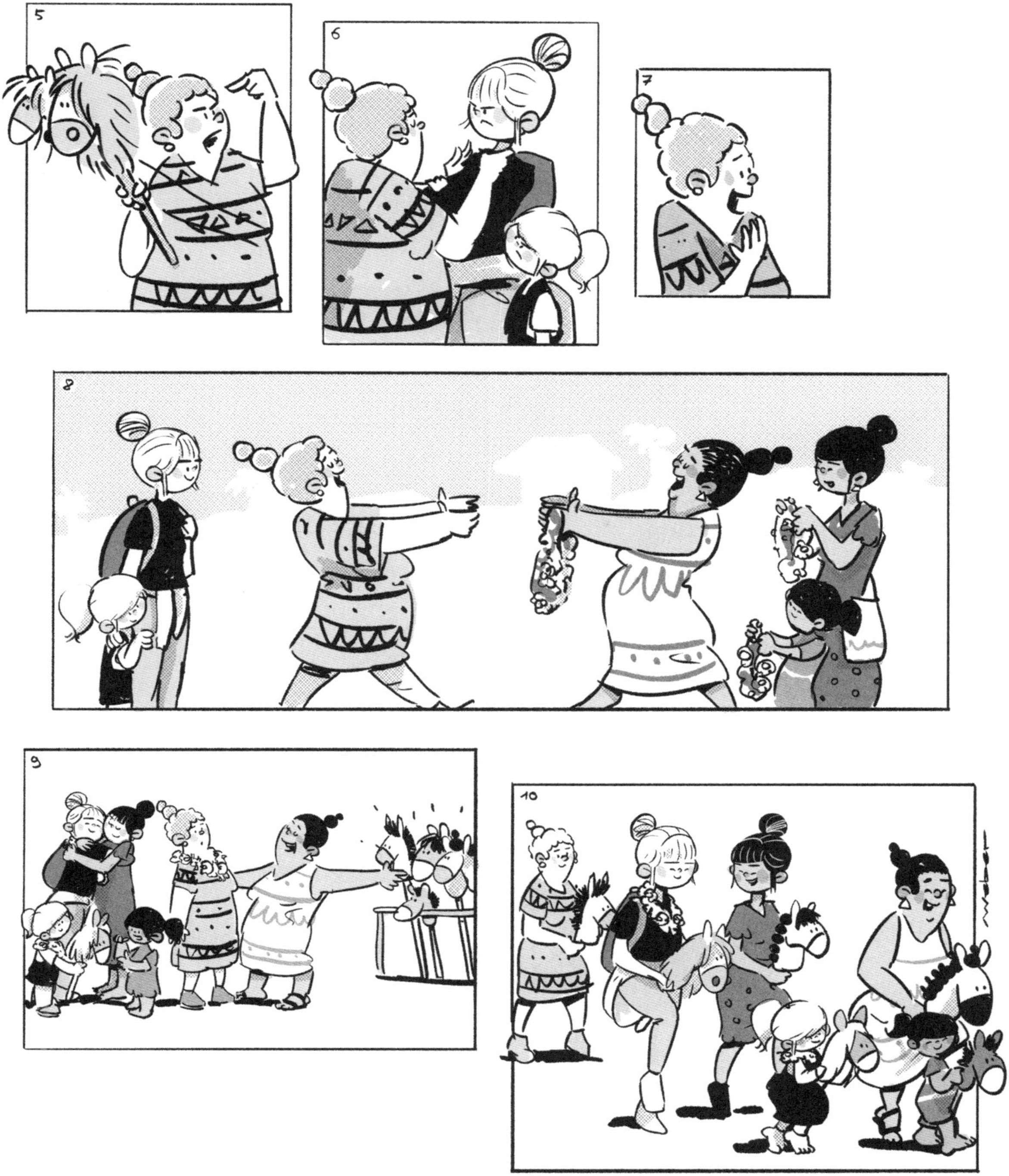

Viele Wege führen nach Rom

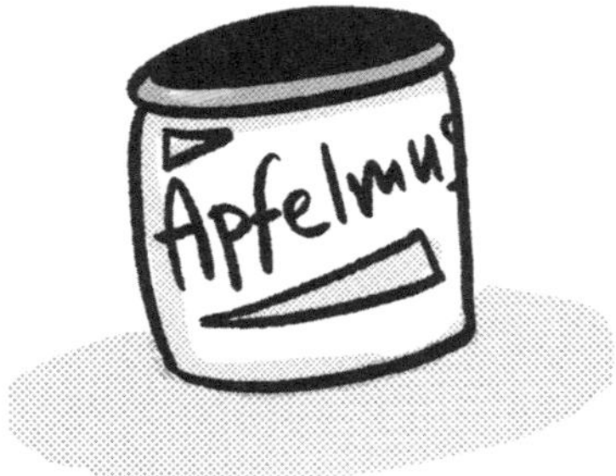

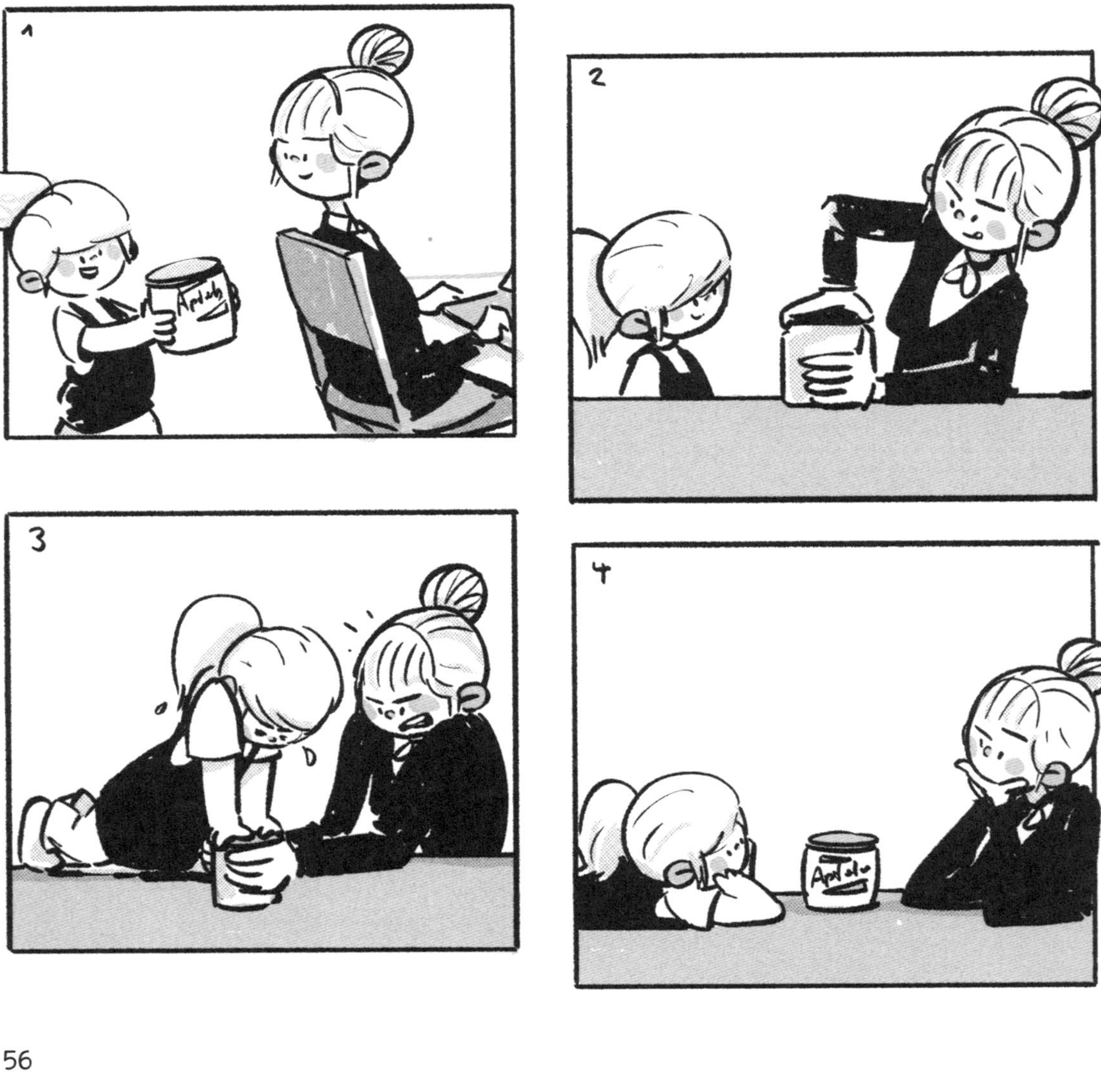

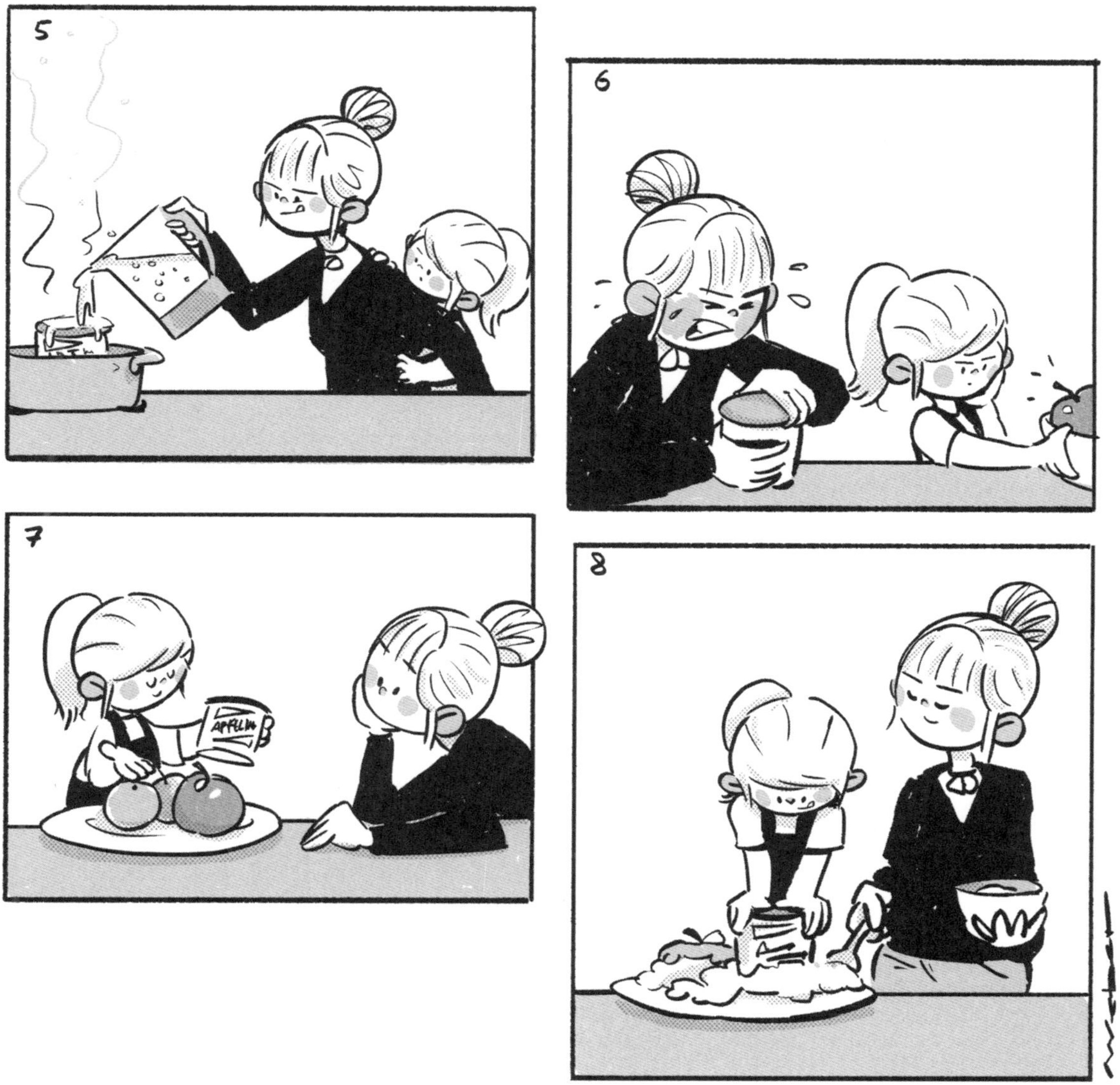
5
6
7
8

Kleider machen Leute

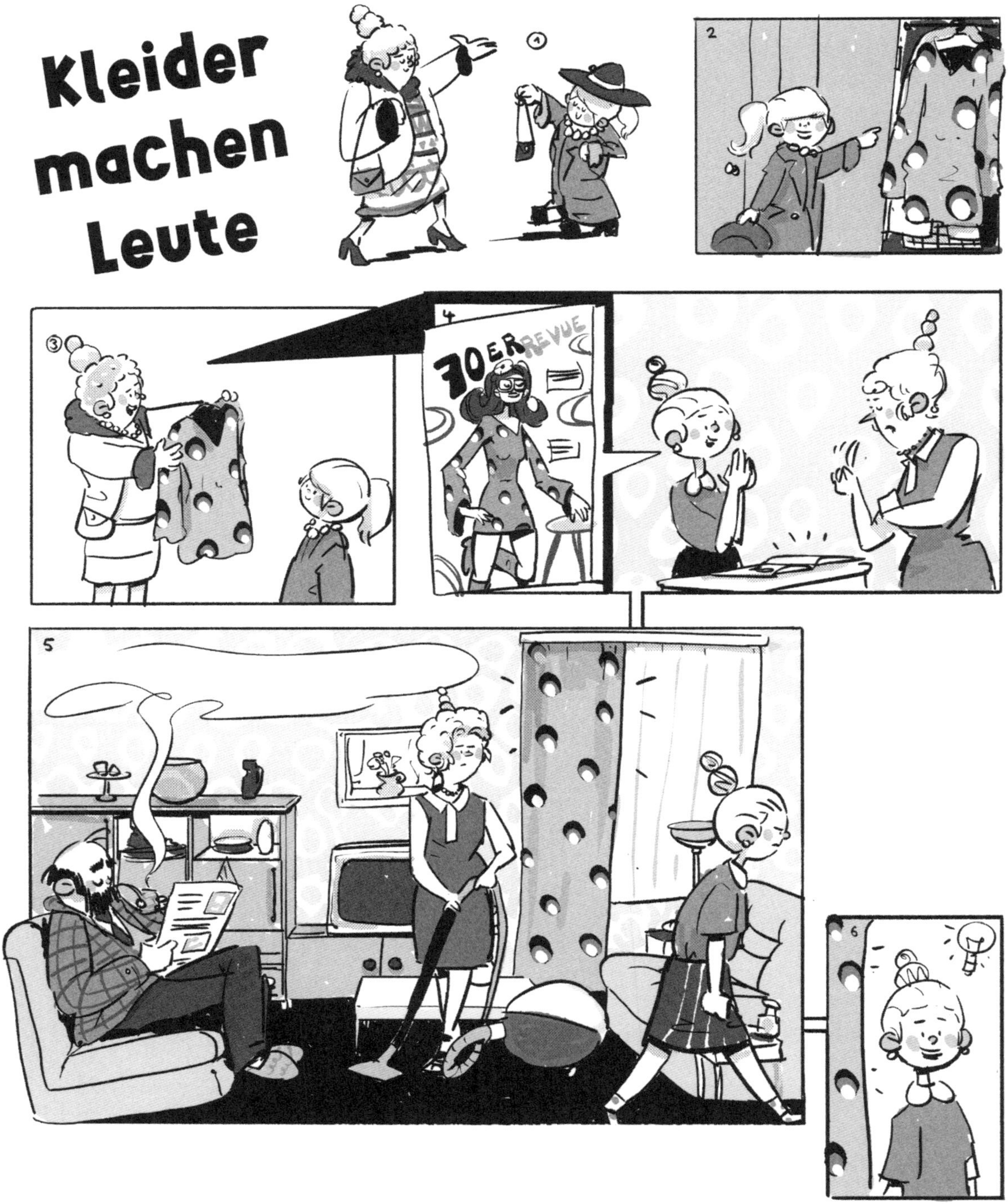

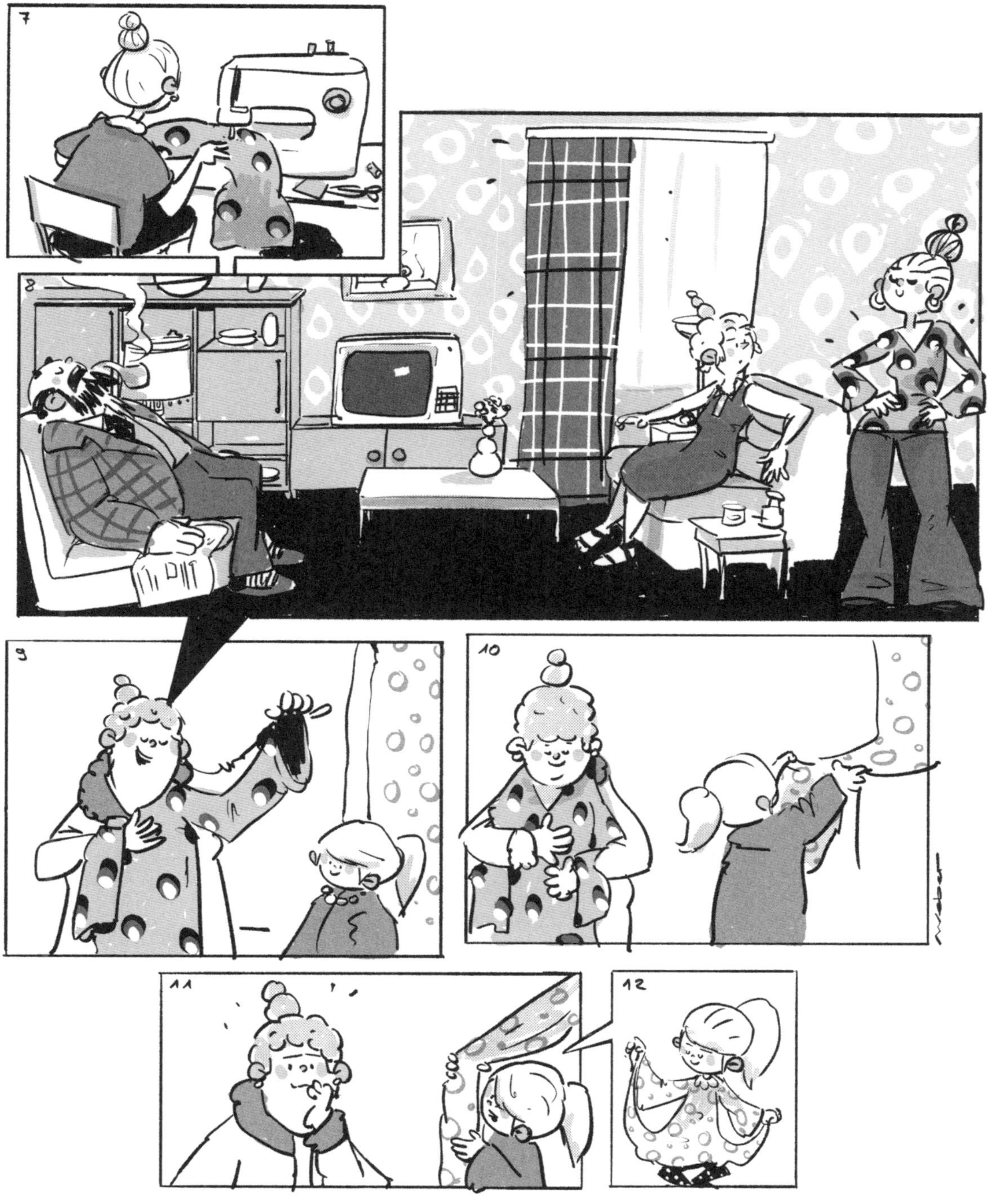

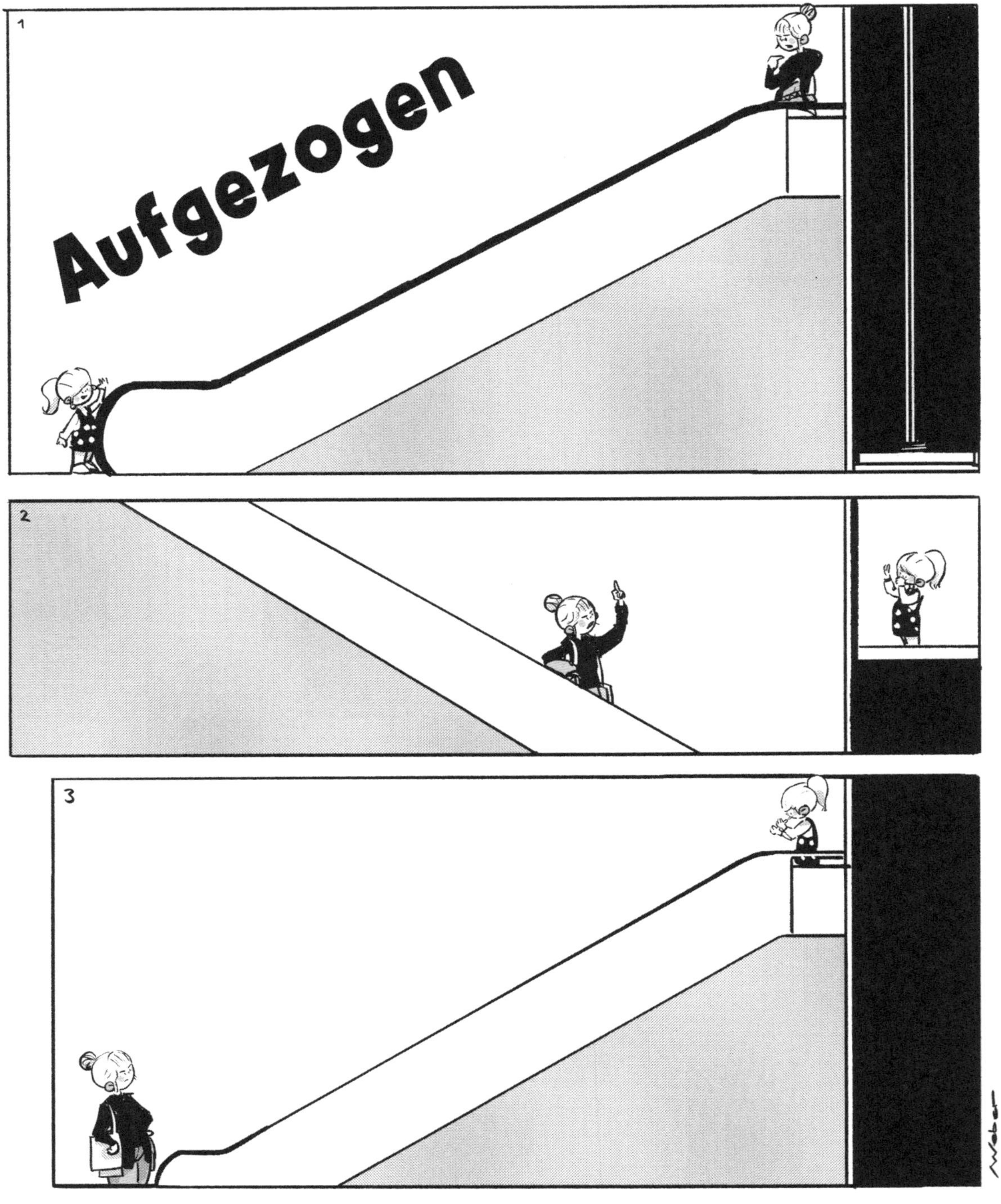
1
Aufgezogen
2
3
Weber

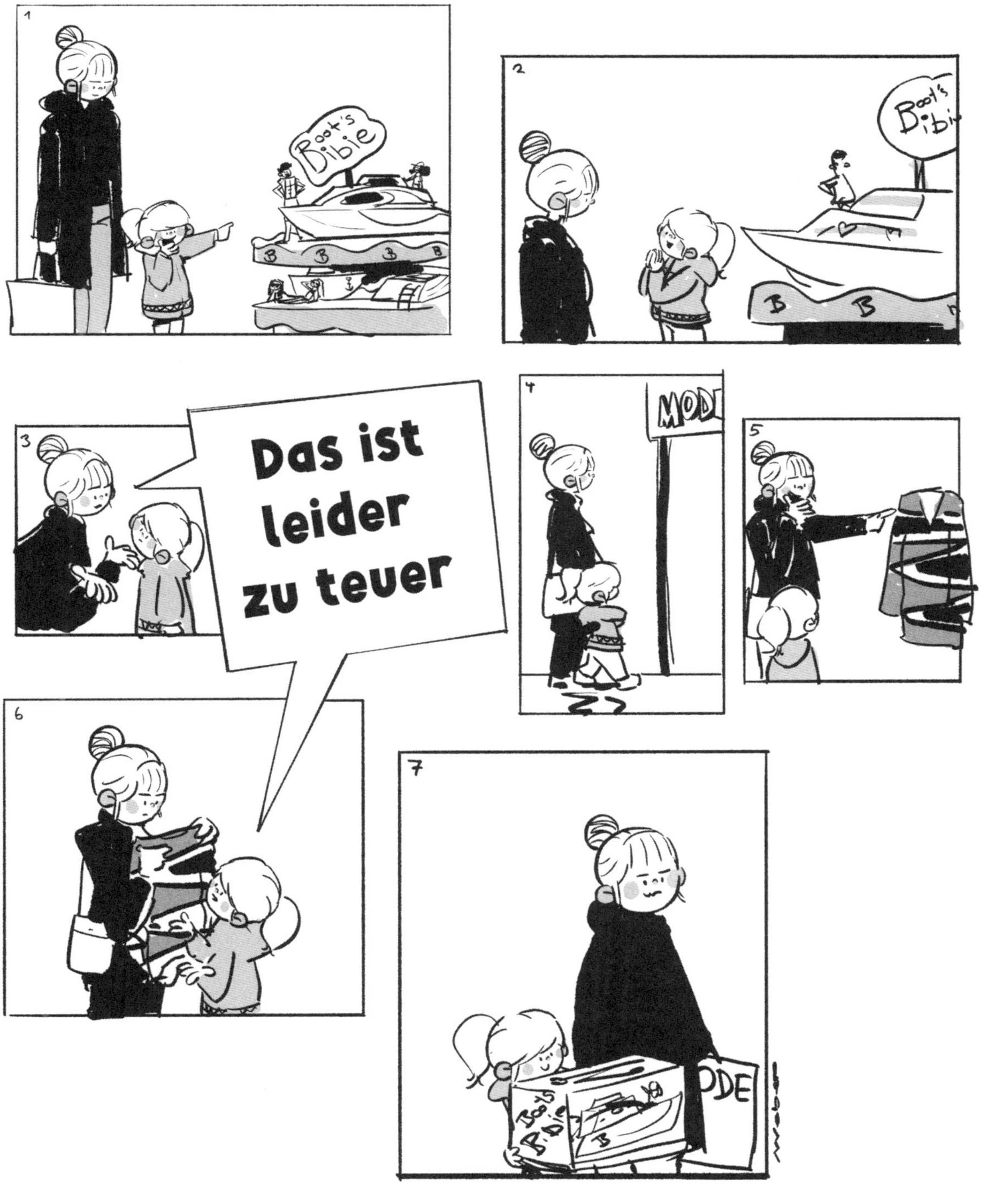
Boot's Bibie
Das ist leider zu teuer
MOD
ODE

Die wasserscheue Krake

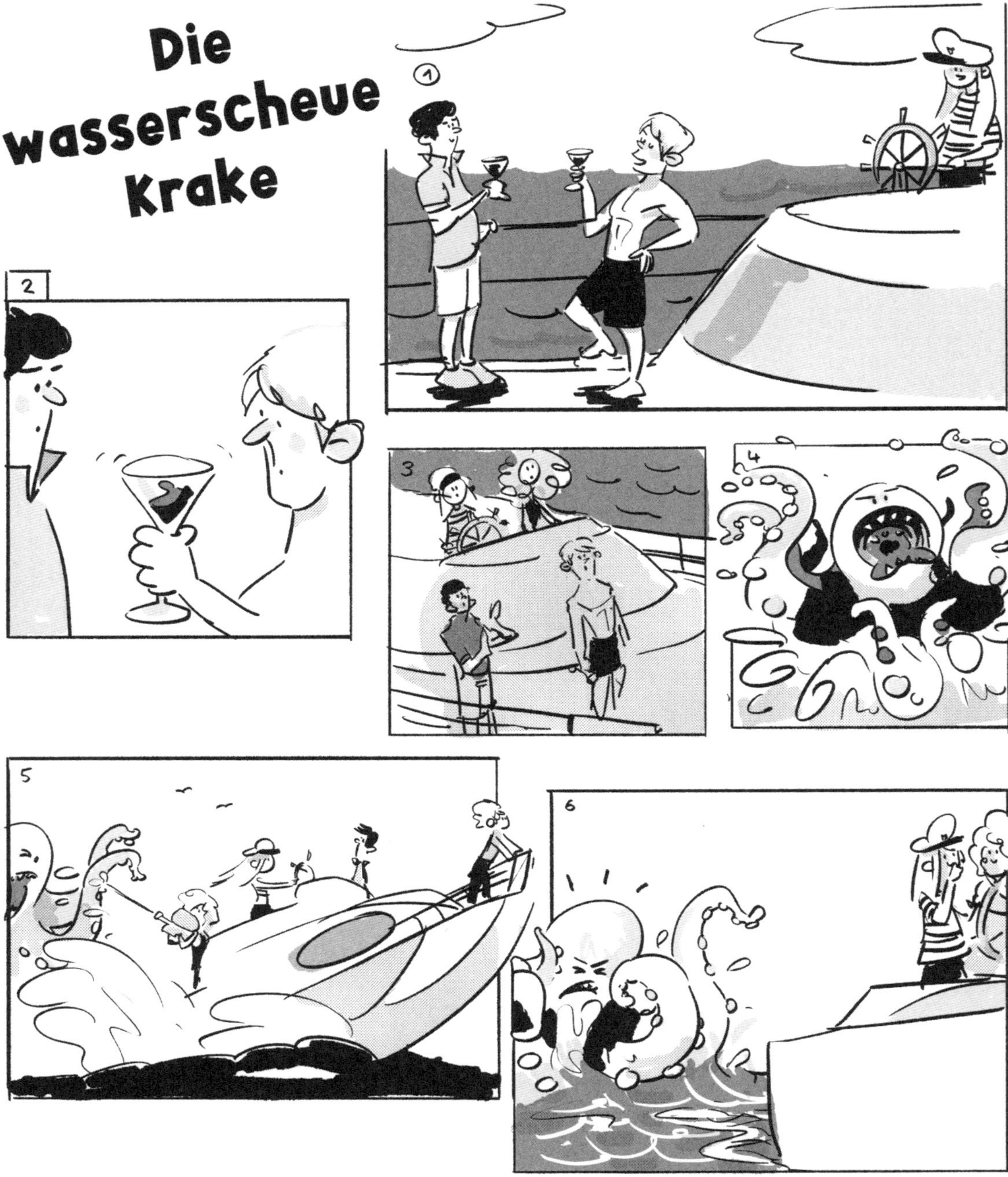

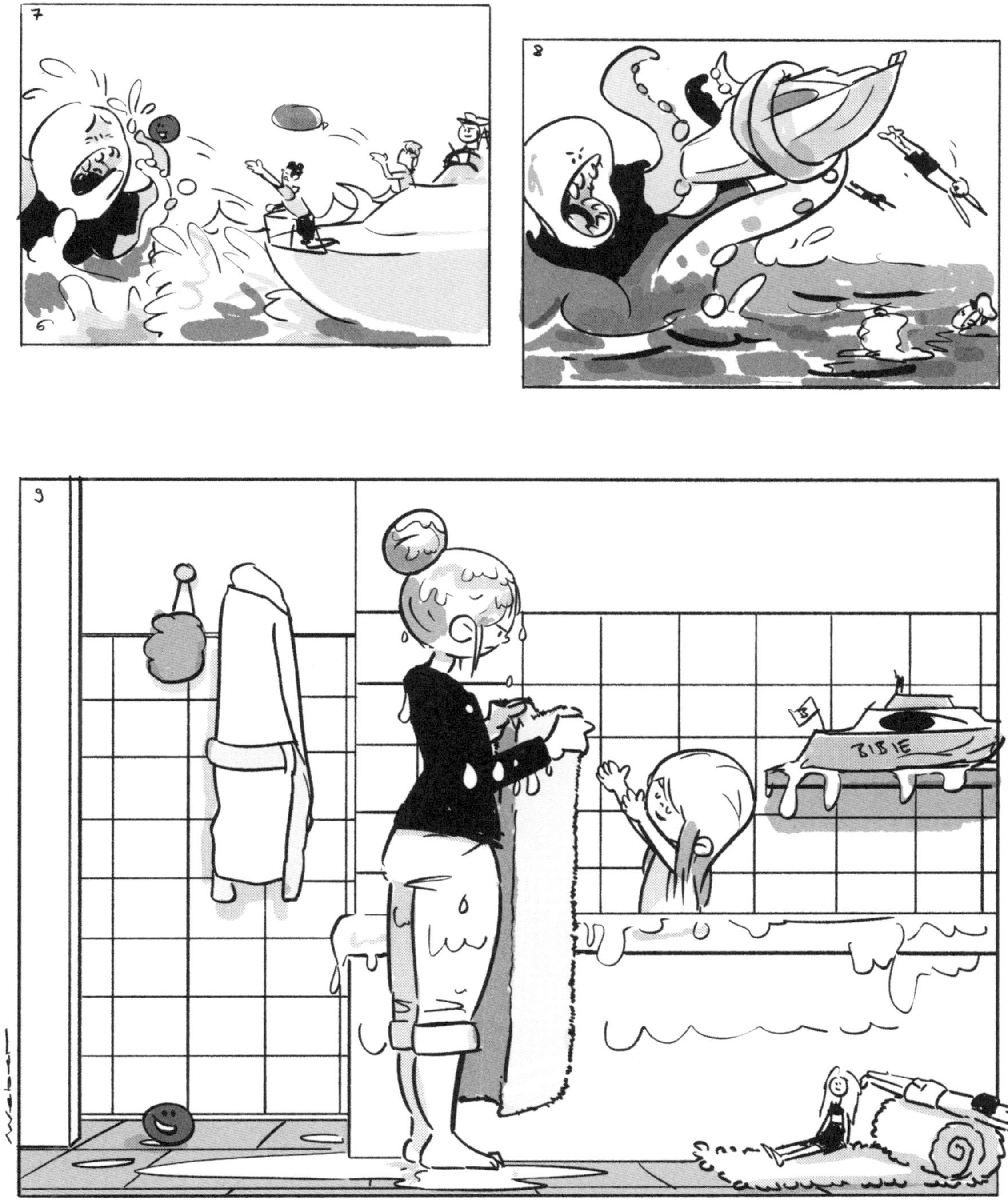
7
8
9
BIBIE

Das Vorbild

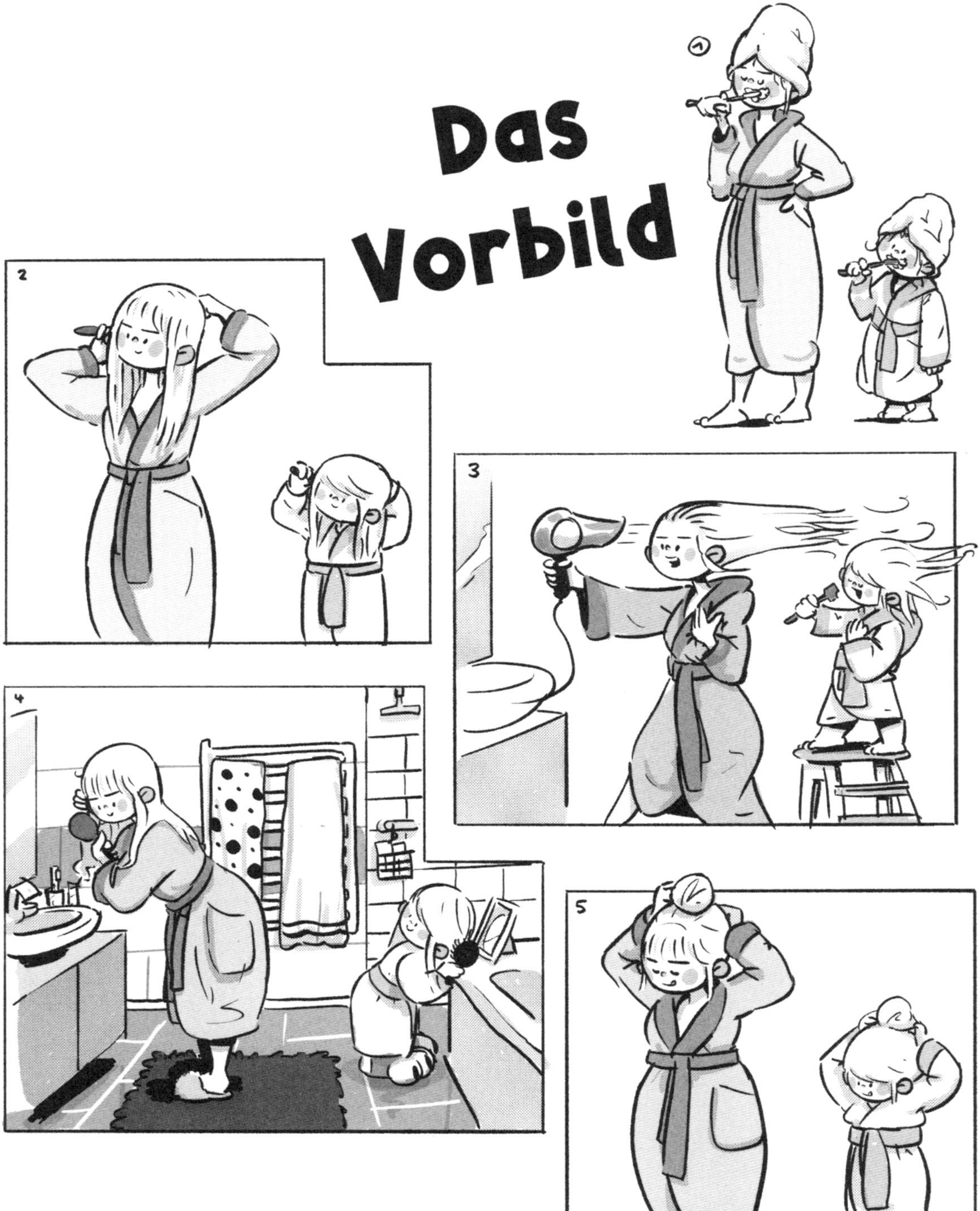

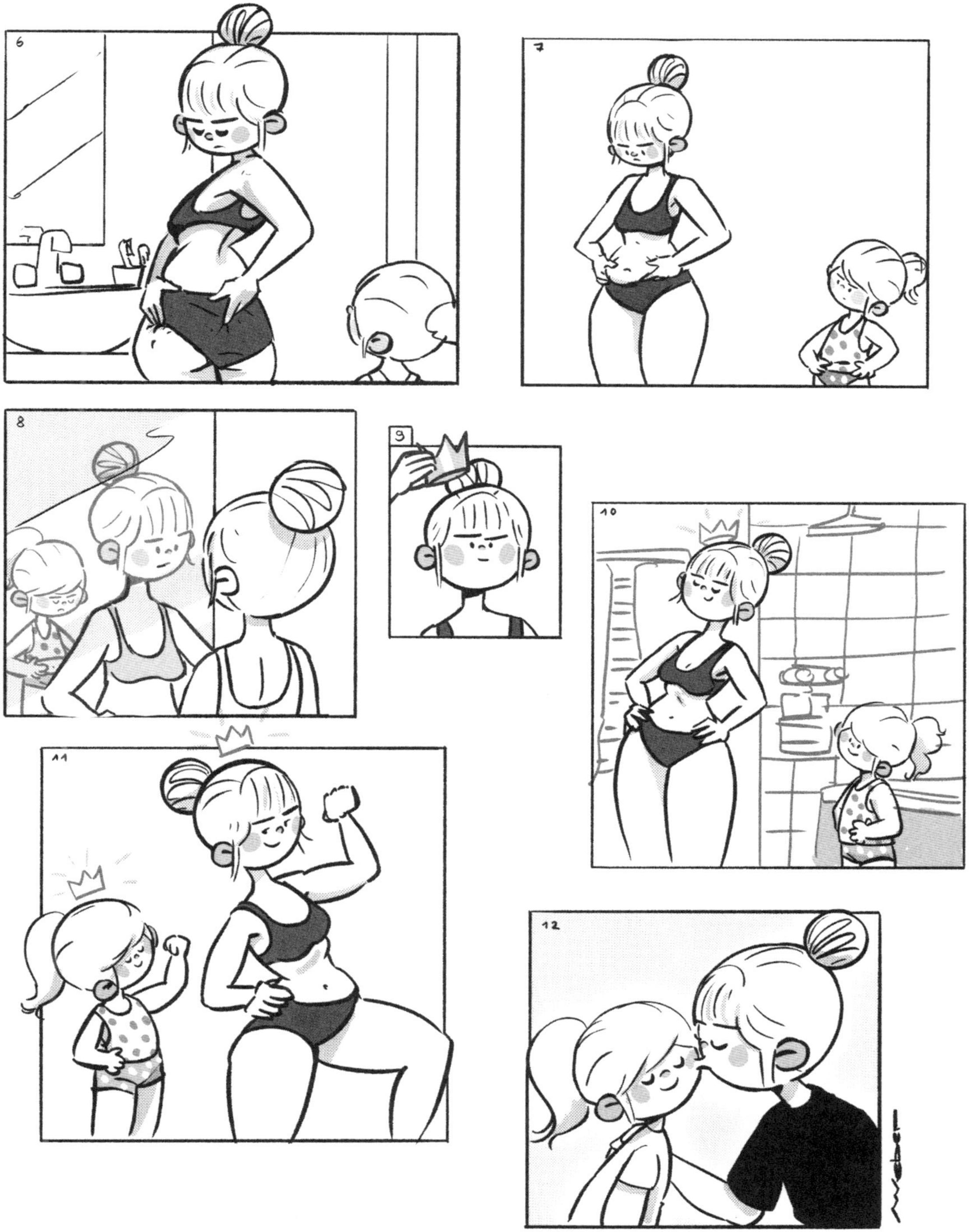

Schönheit ist Ansichtssache

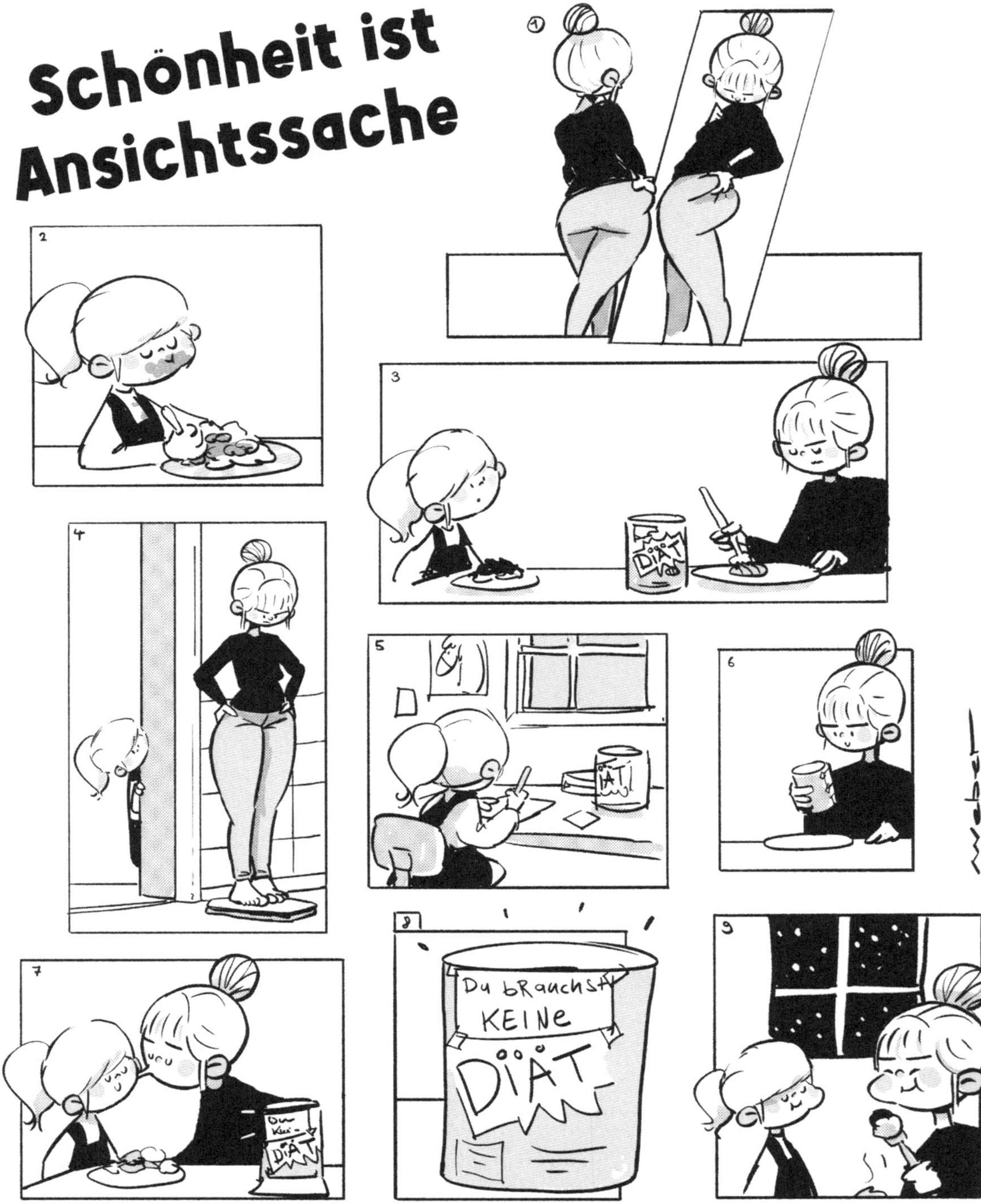

Der Kater zieht ein

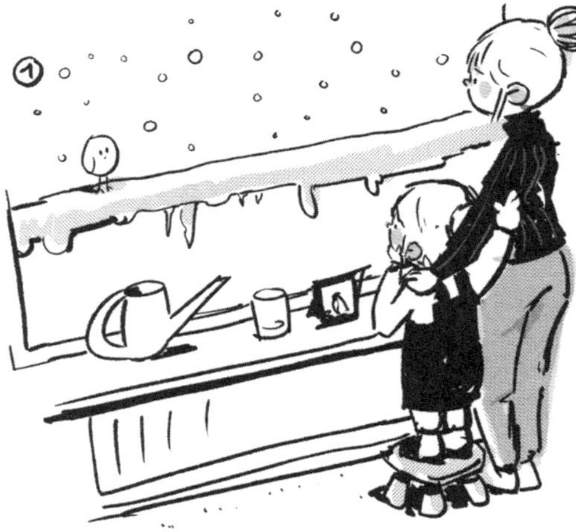

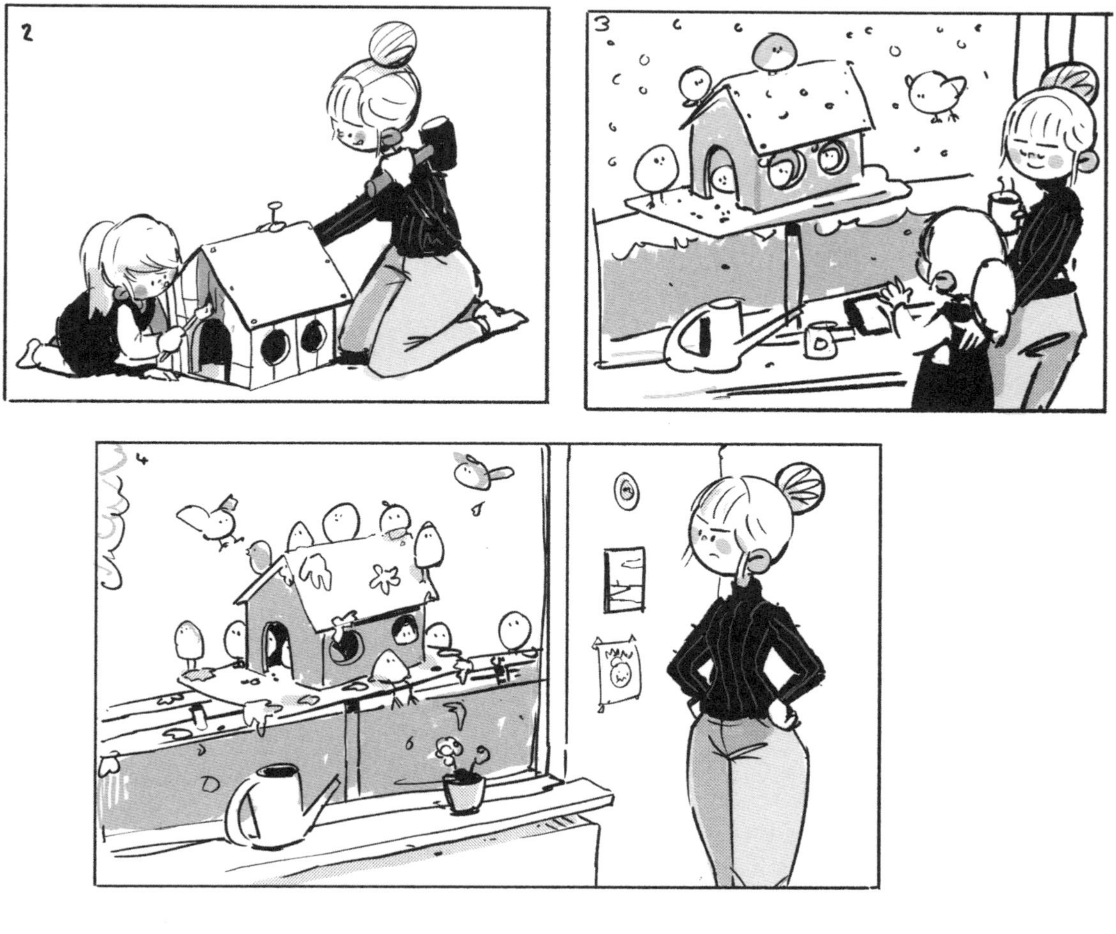

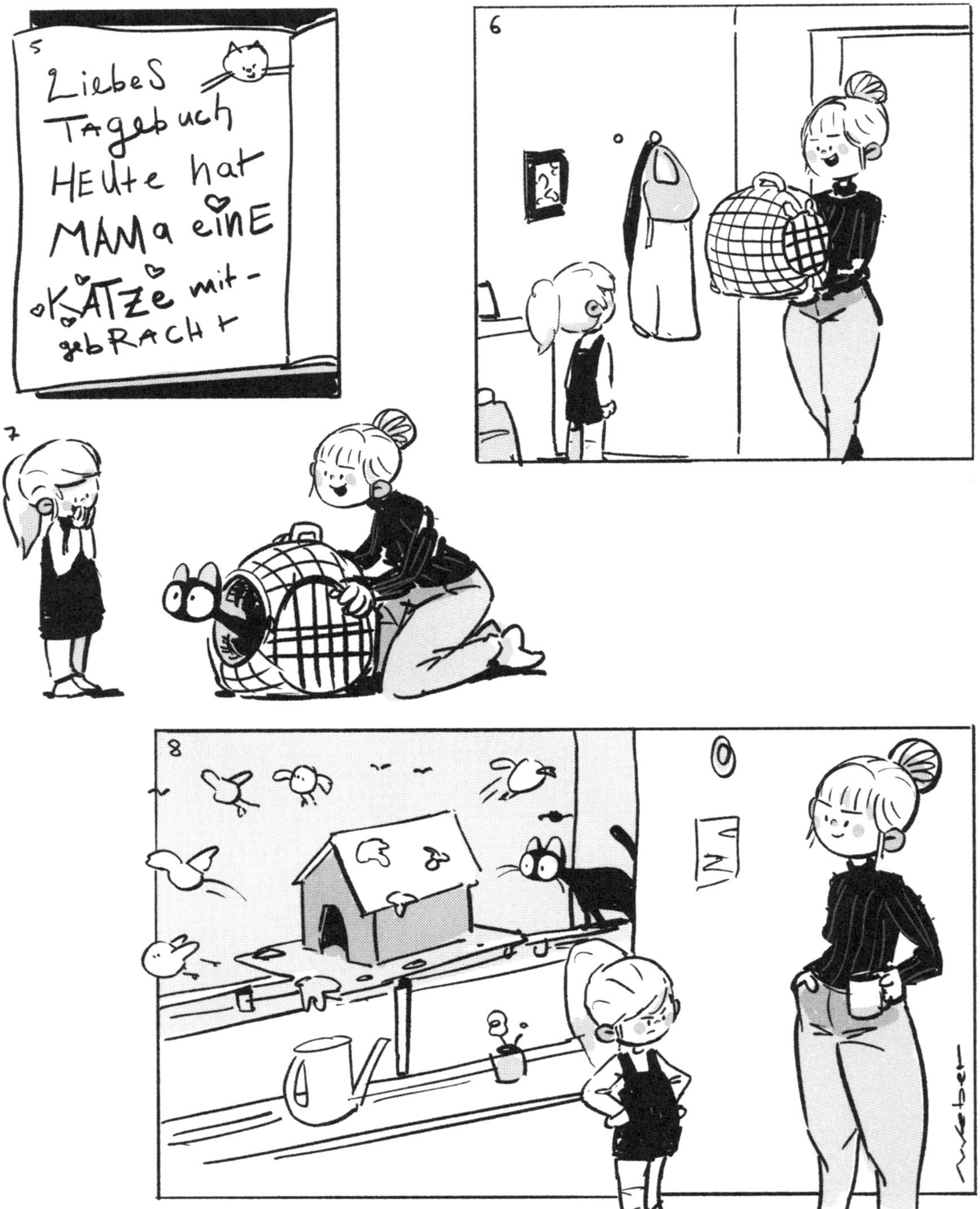
Liebes Tagebuch heute hat Mama eine Katze mitgebracht

Das Bett-hupferl

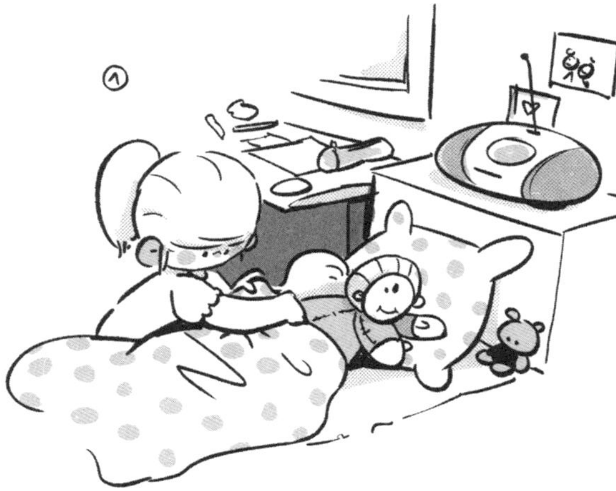

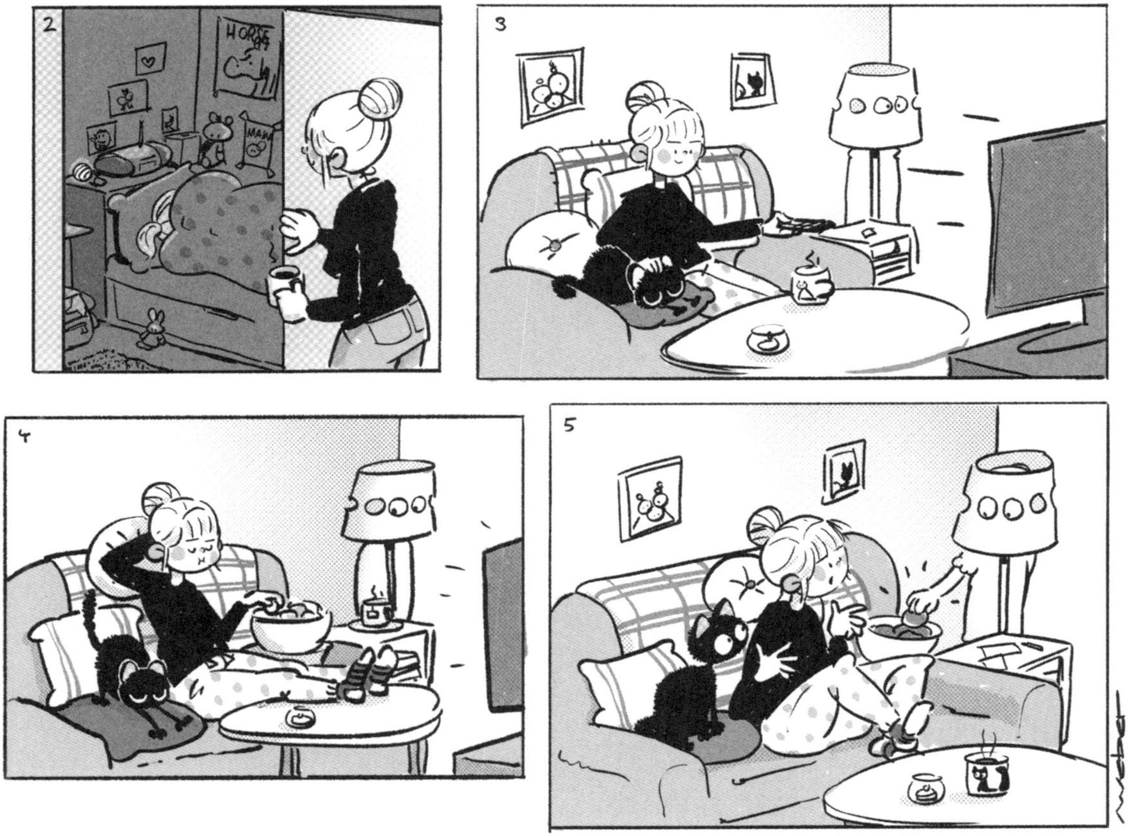

Manches ändert sich nie

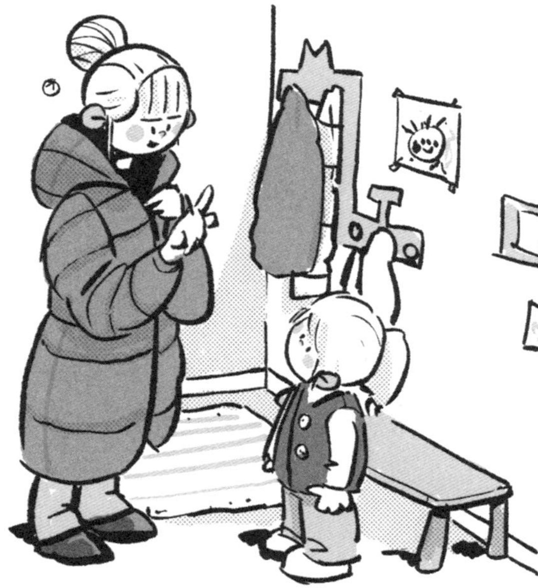

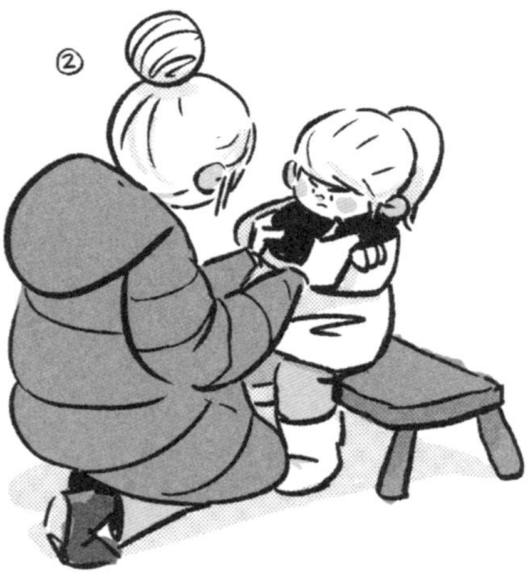

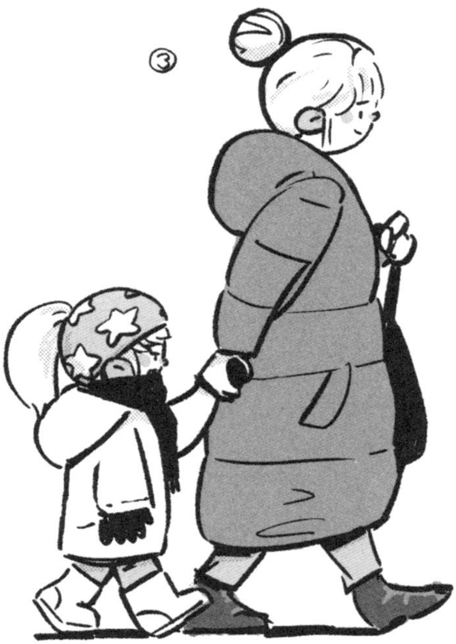

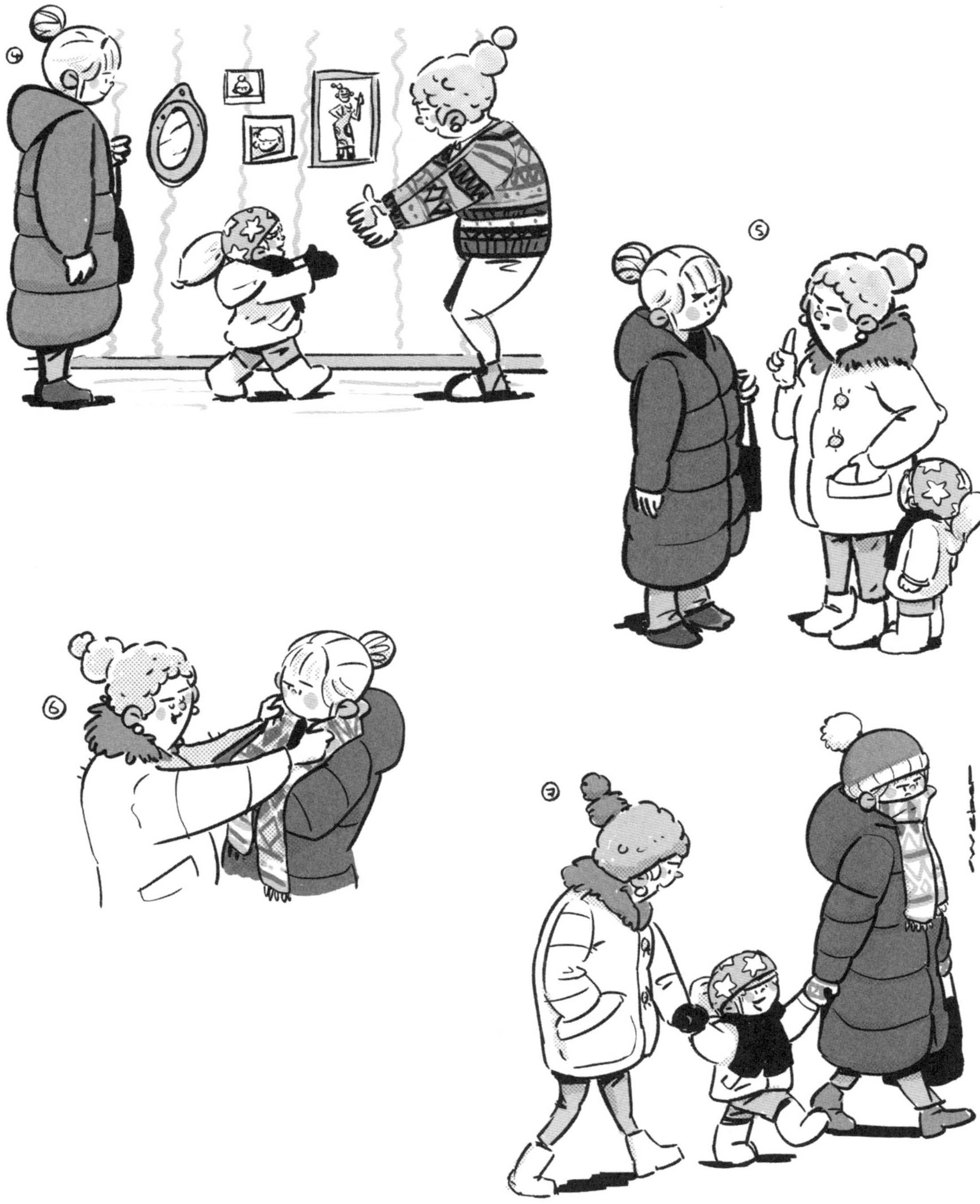

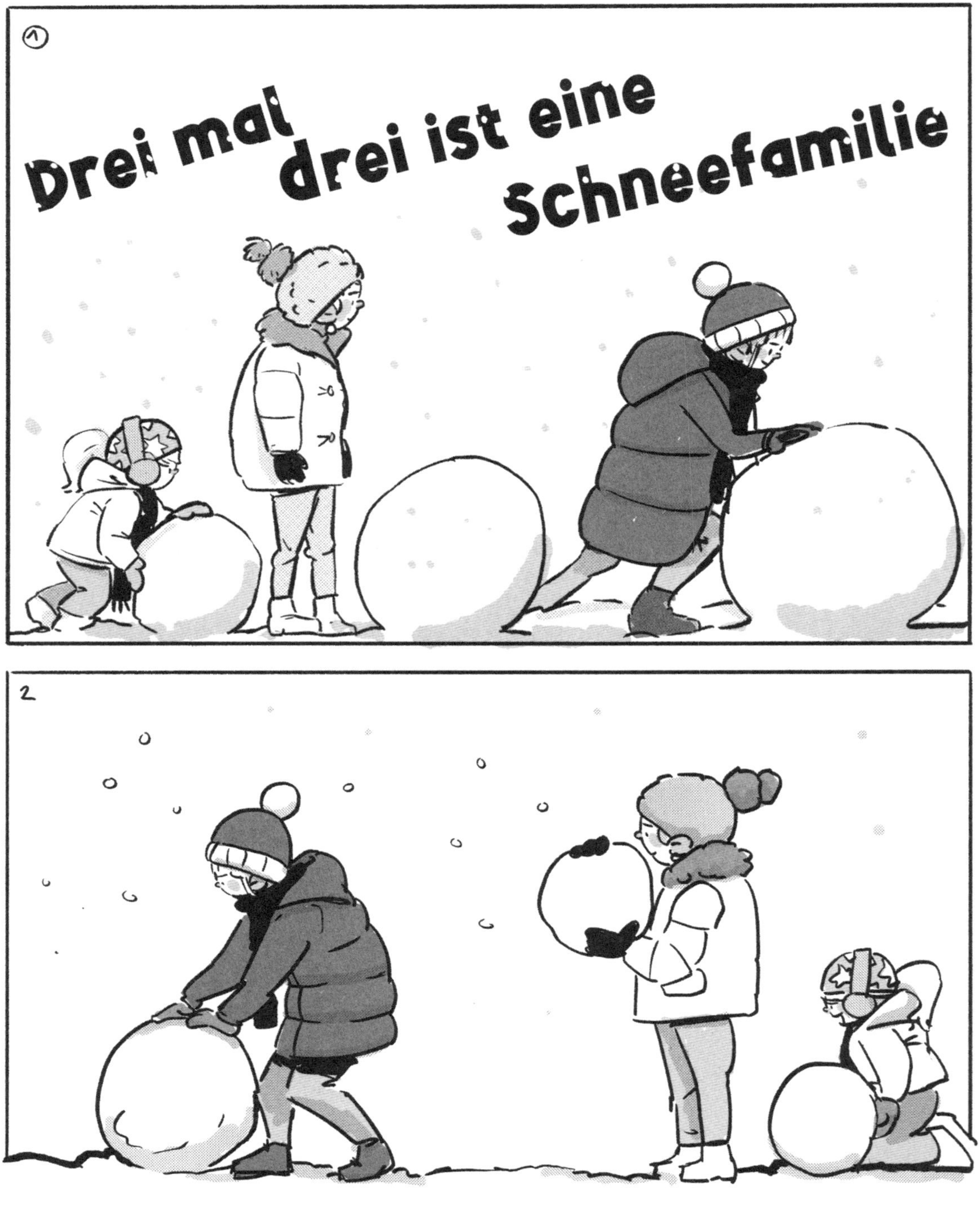
1
Drei mal drei ist eine Schneefamilie
2

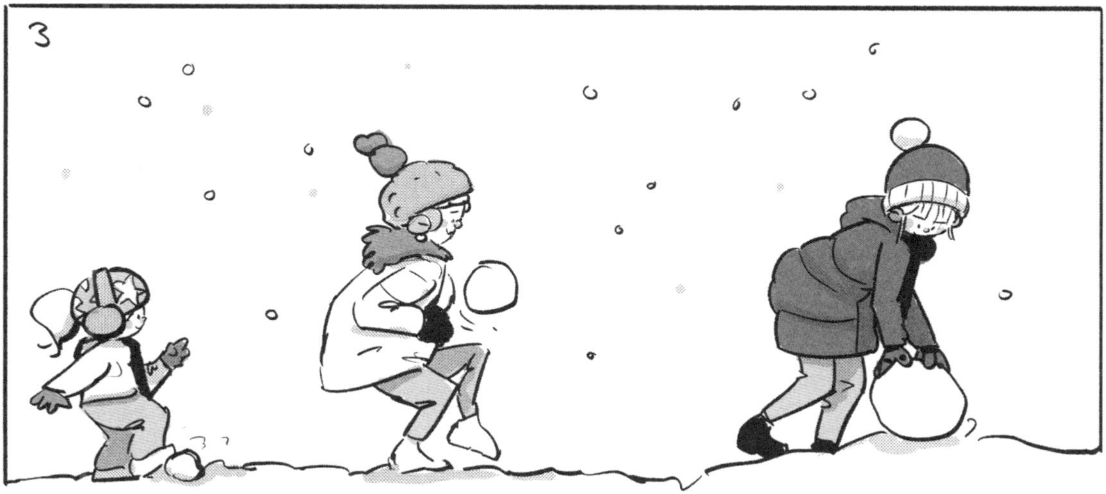

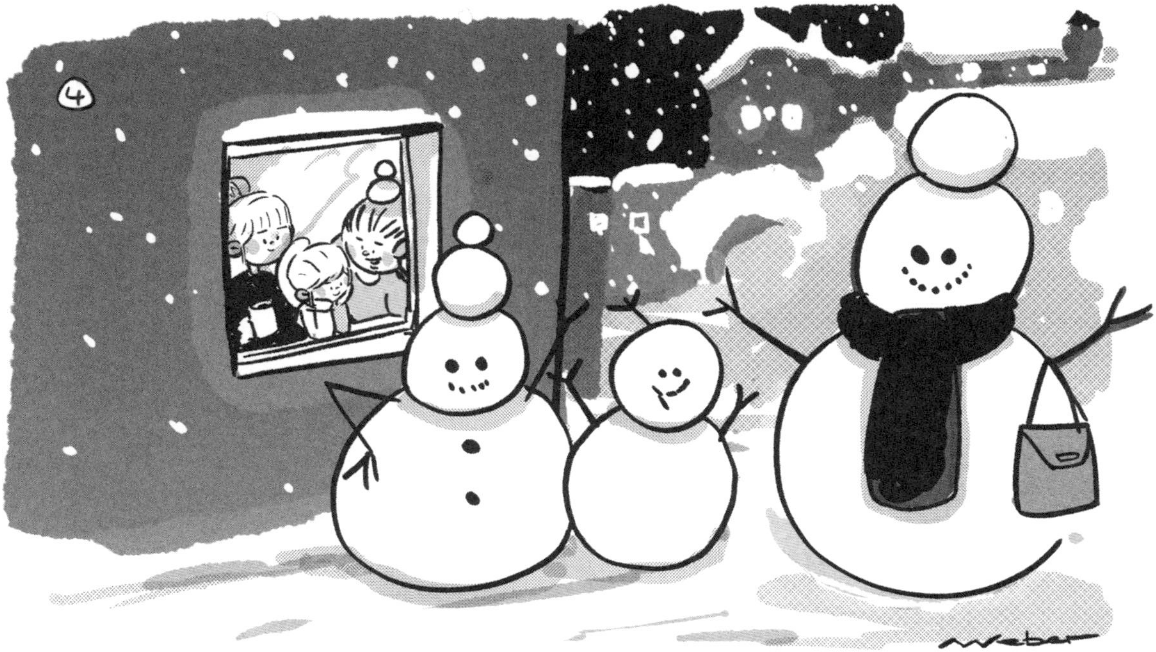

Der Weihnachts-wichtel

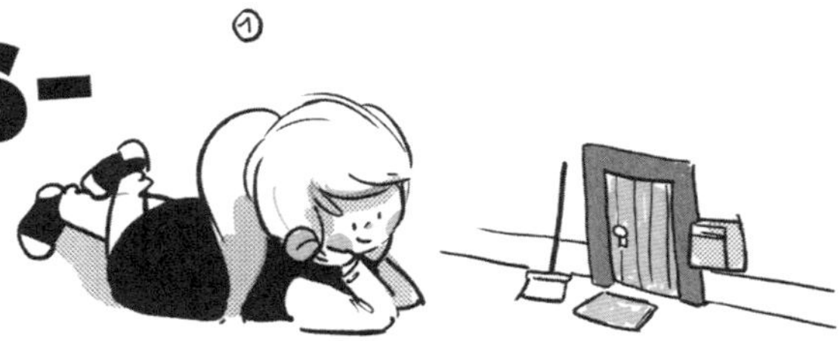

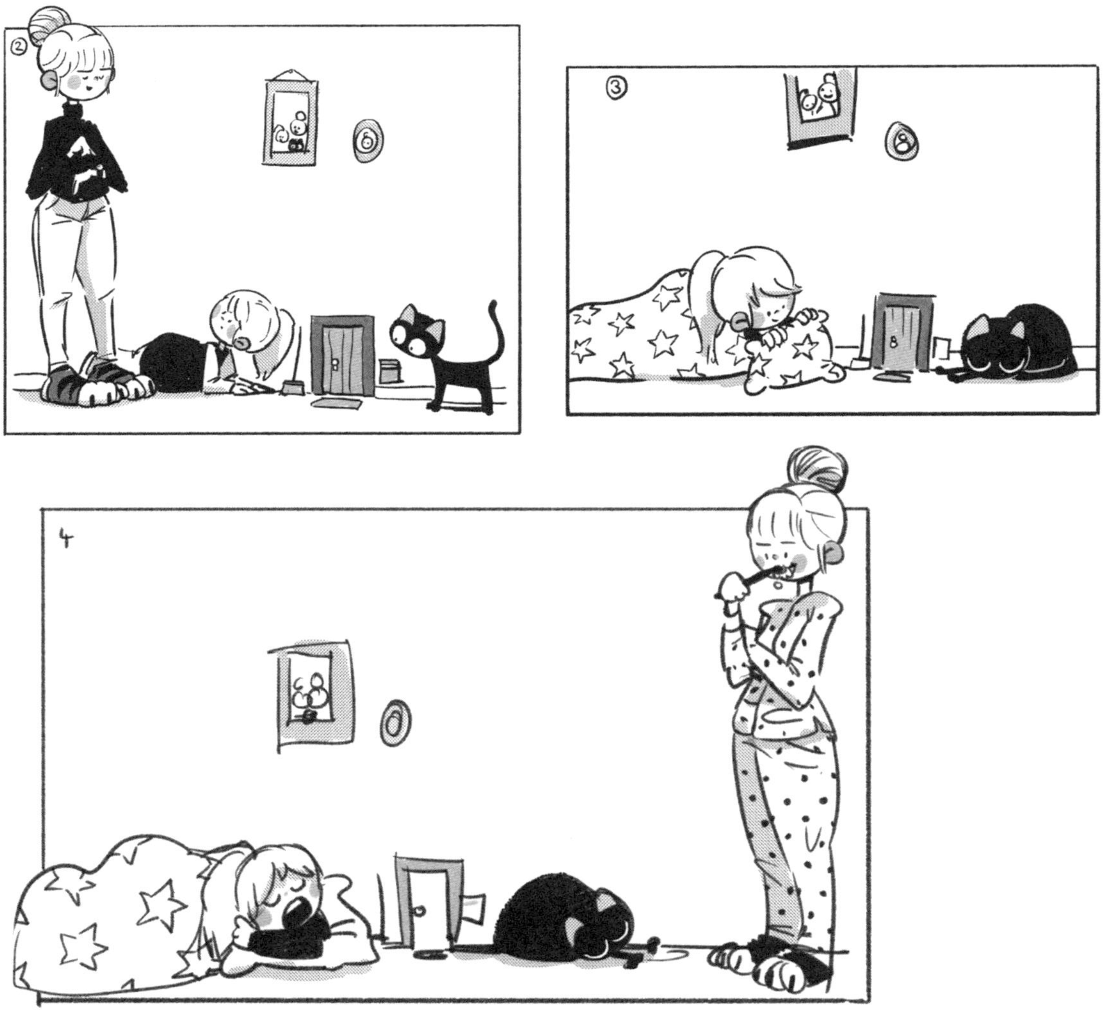

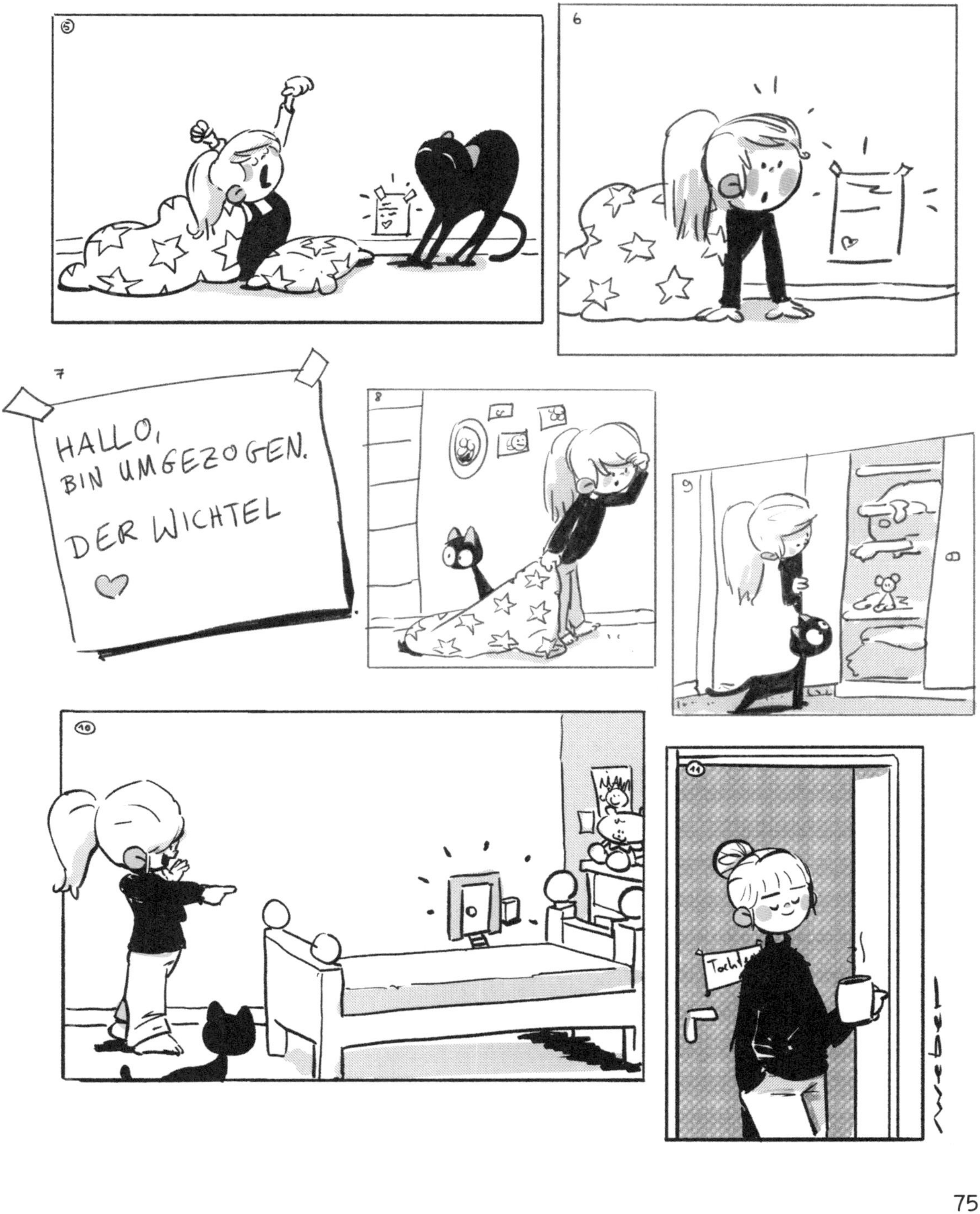
HALLO,
BIN UMGEZOGEN.
DER WICHTEL

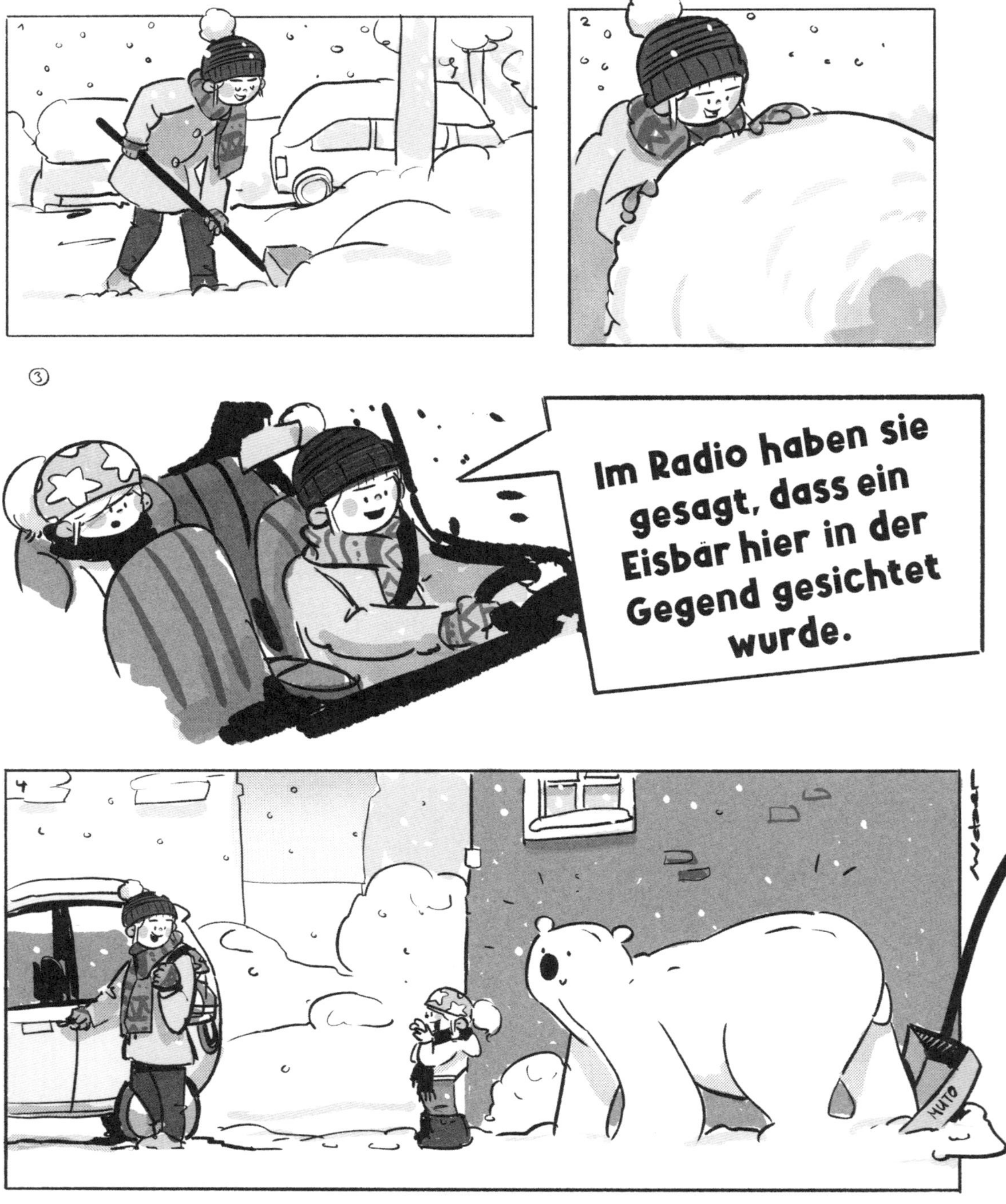
Im Radio haben sie gesagt, dass ein Eisbär hier in der Gegend gesichtet wurde.
MUTO

Baum auf engem Raum

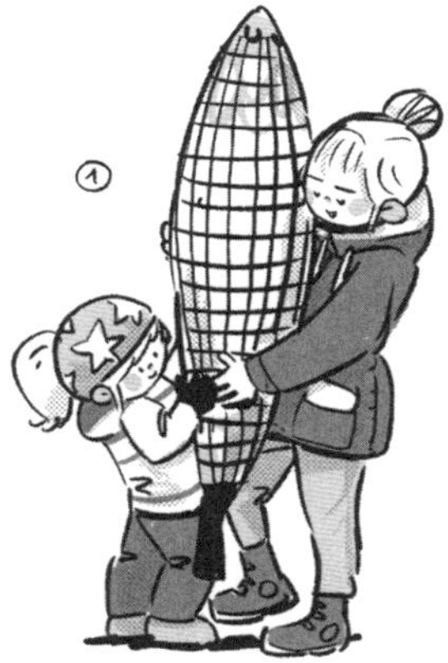

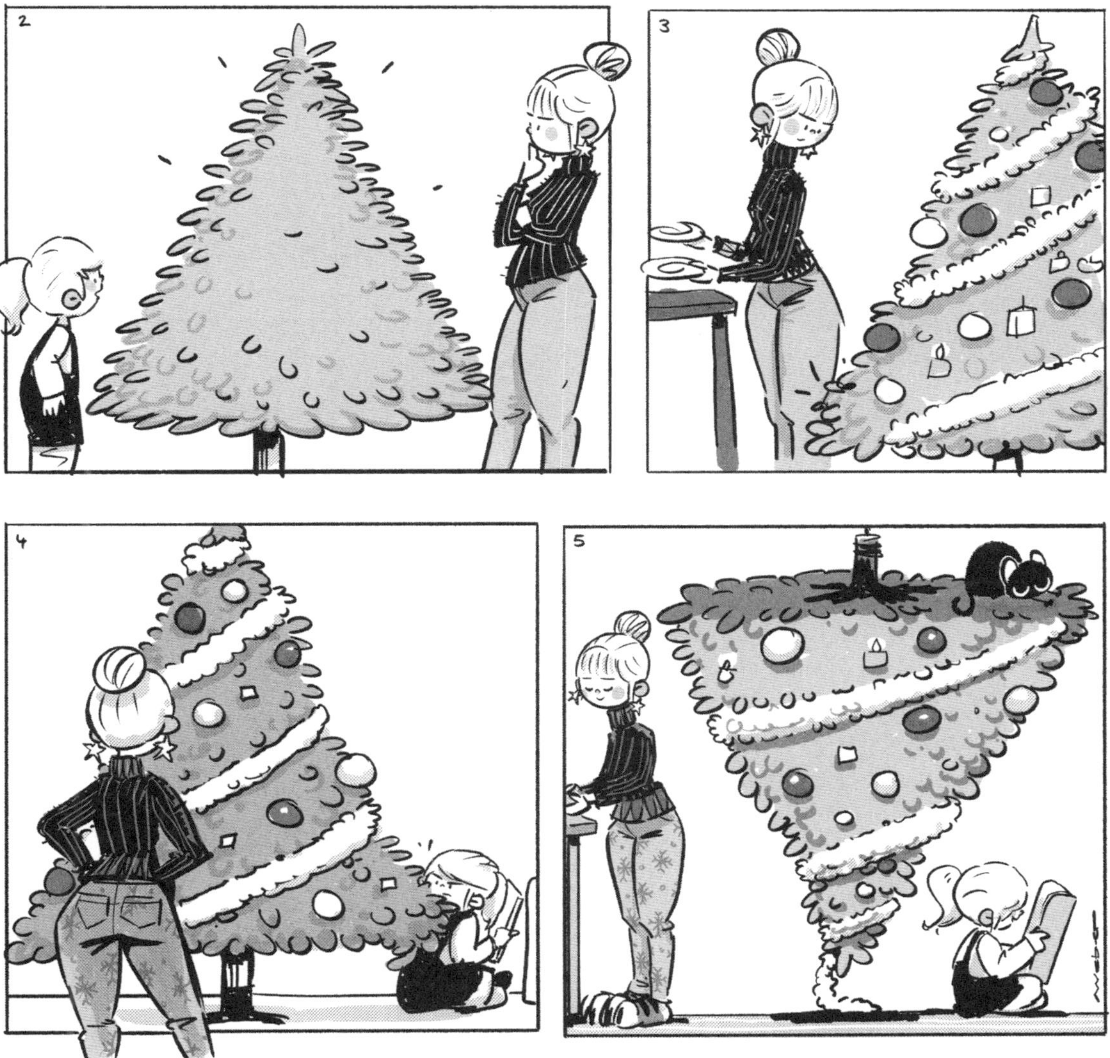

Das unverpackte Weihnachtsgeschenk

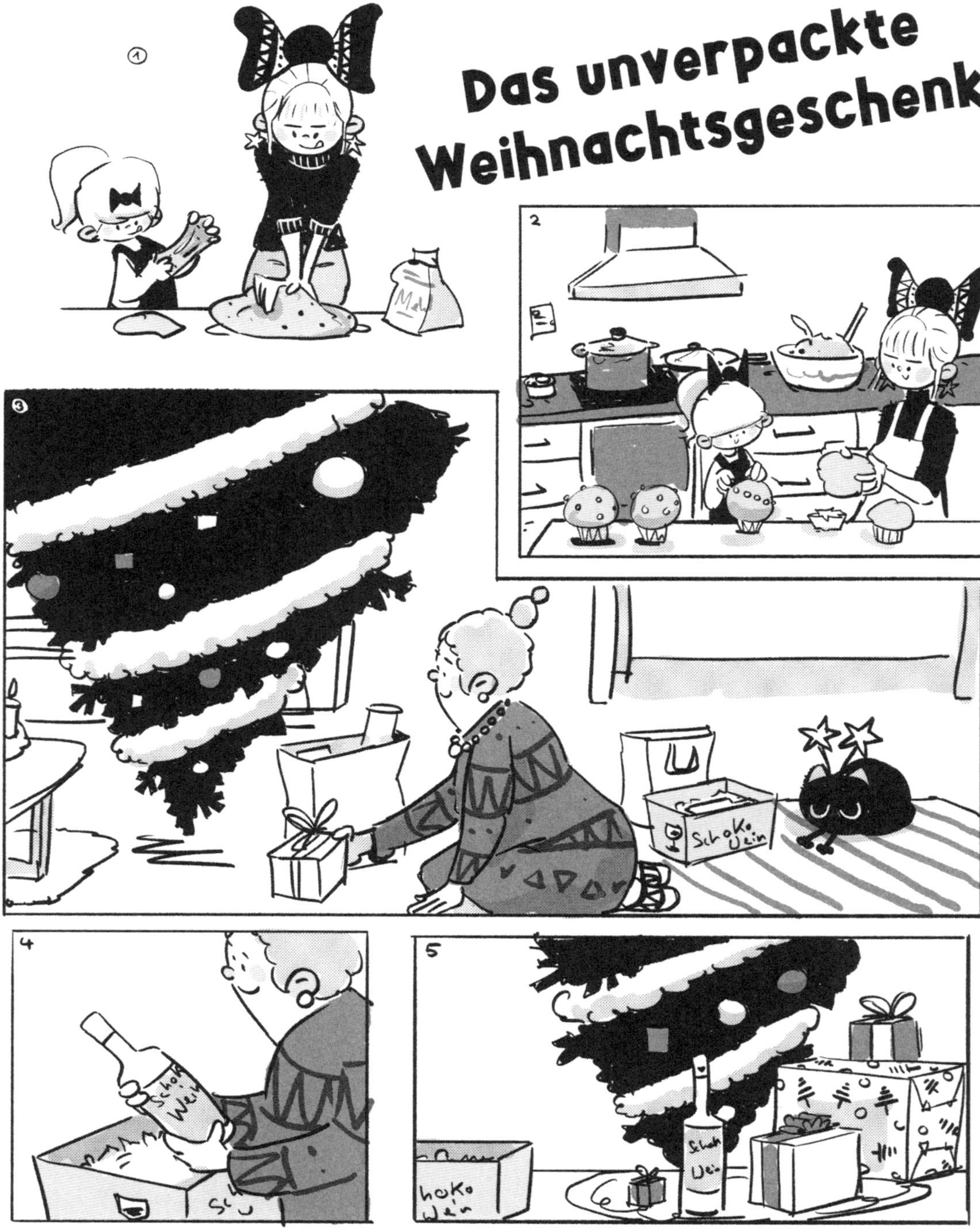

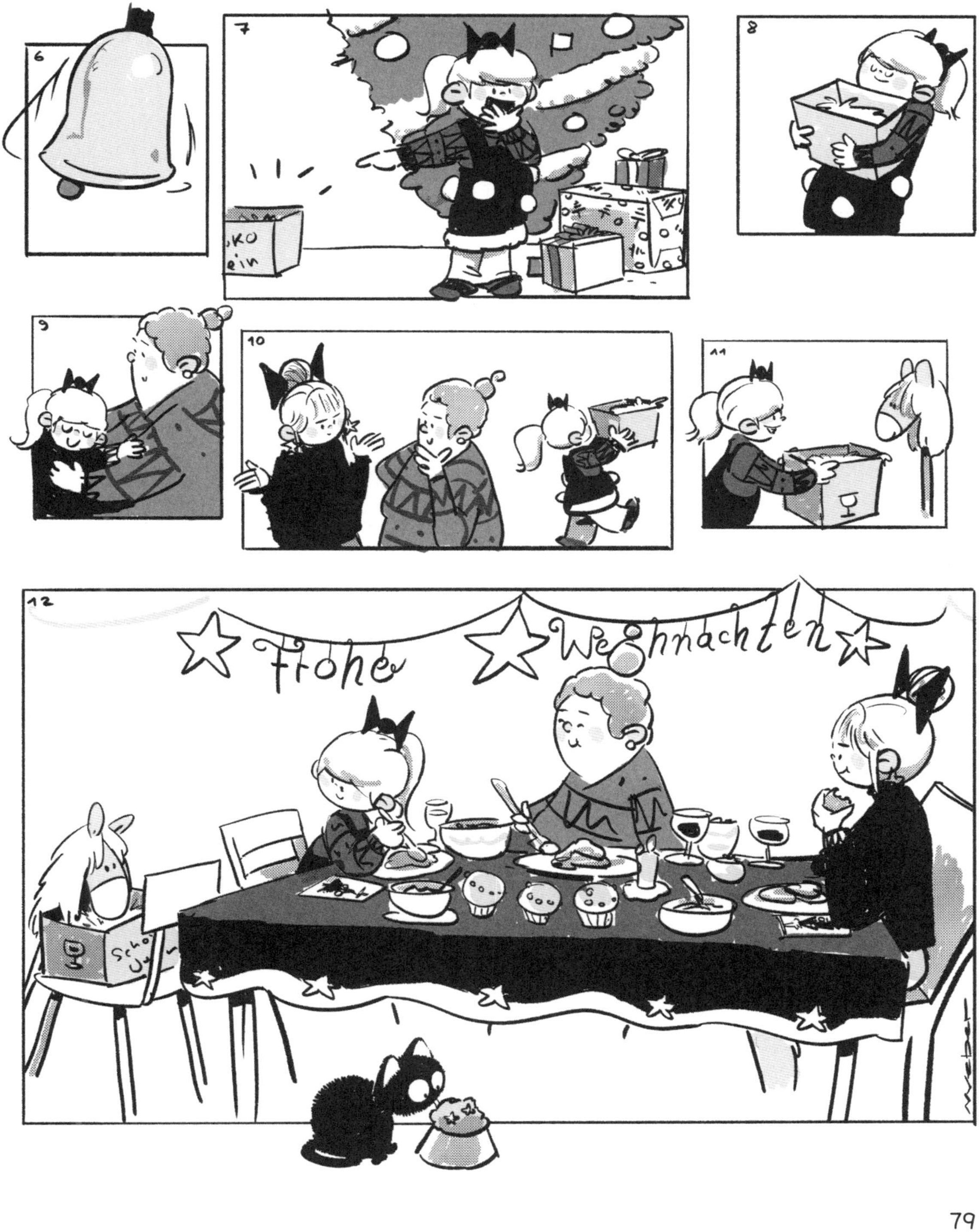
Frohe Weihnachten

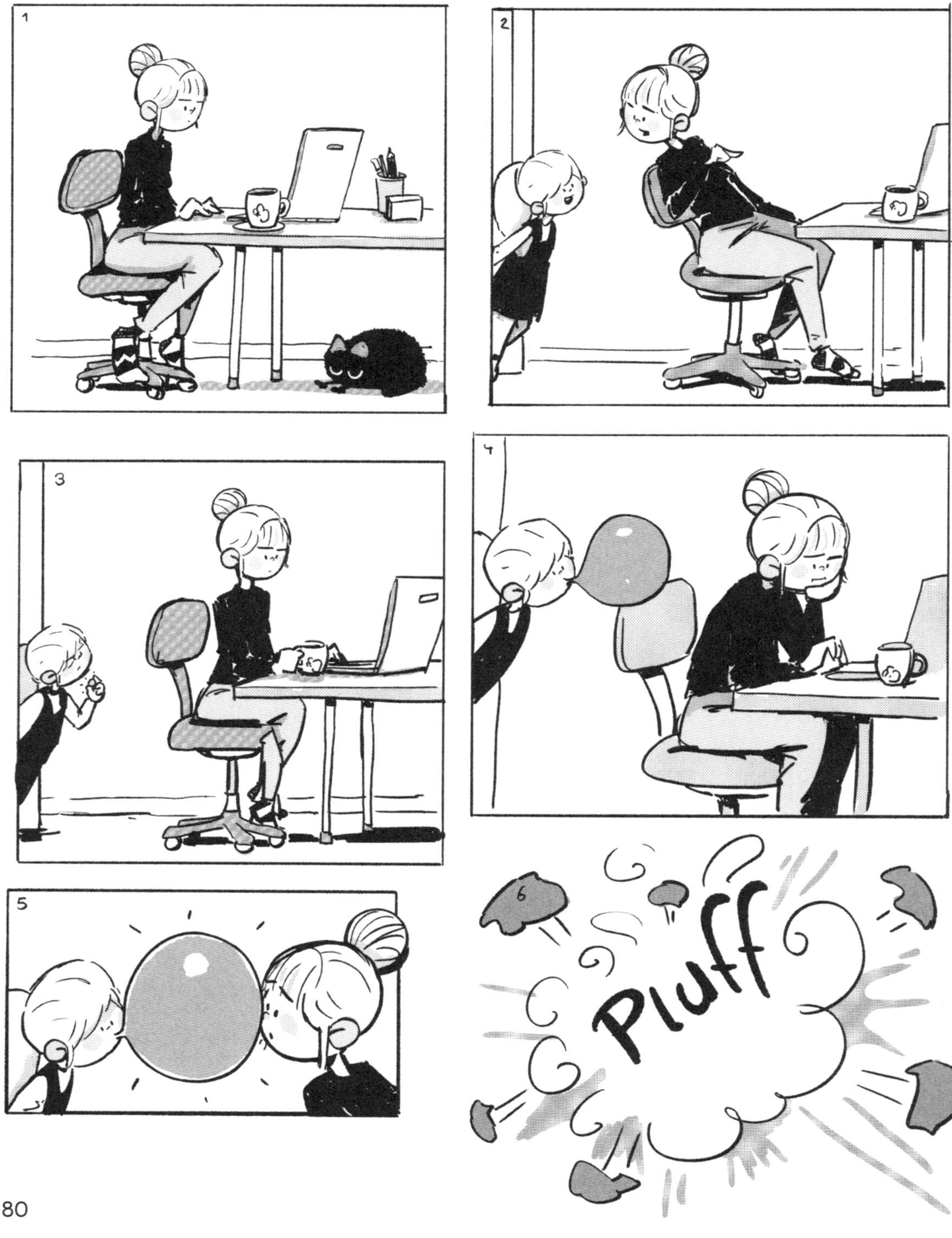
Pluff

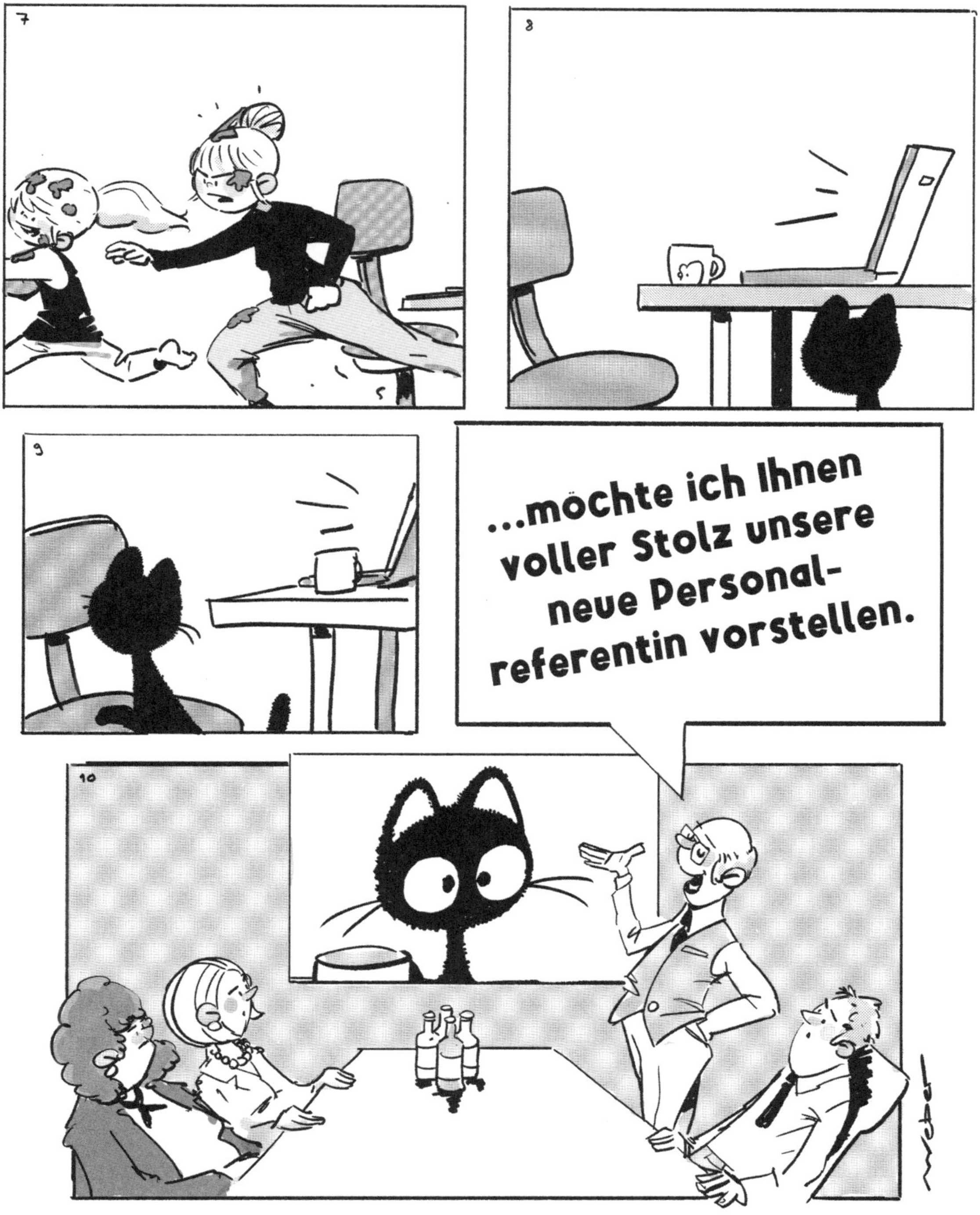

7
8
9
...möchte ich Ihnen voller Stolz unsere neue Personal-referentin vorstellen.
10
weber

Halt, stopp!

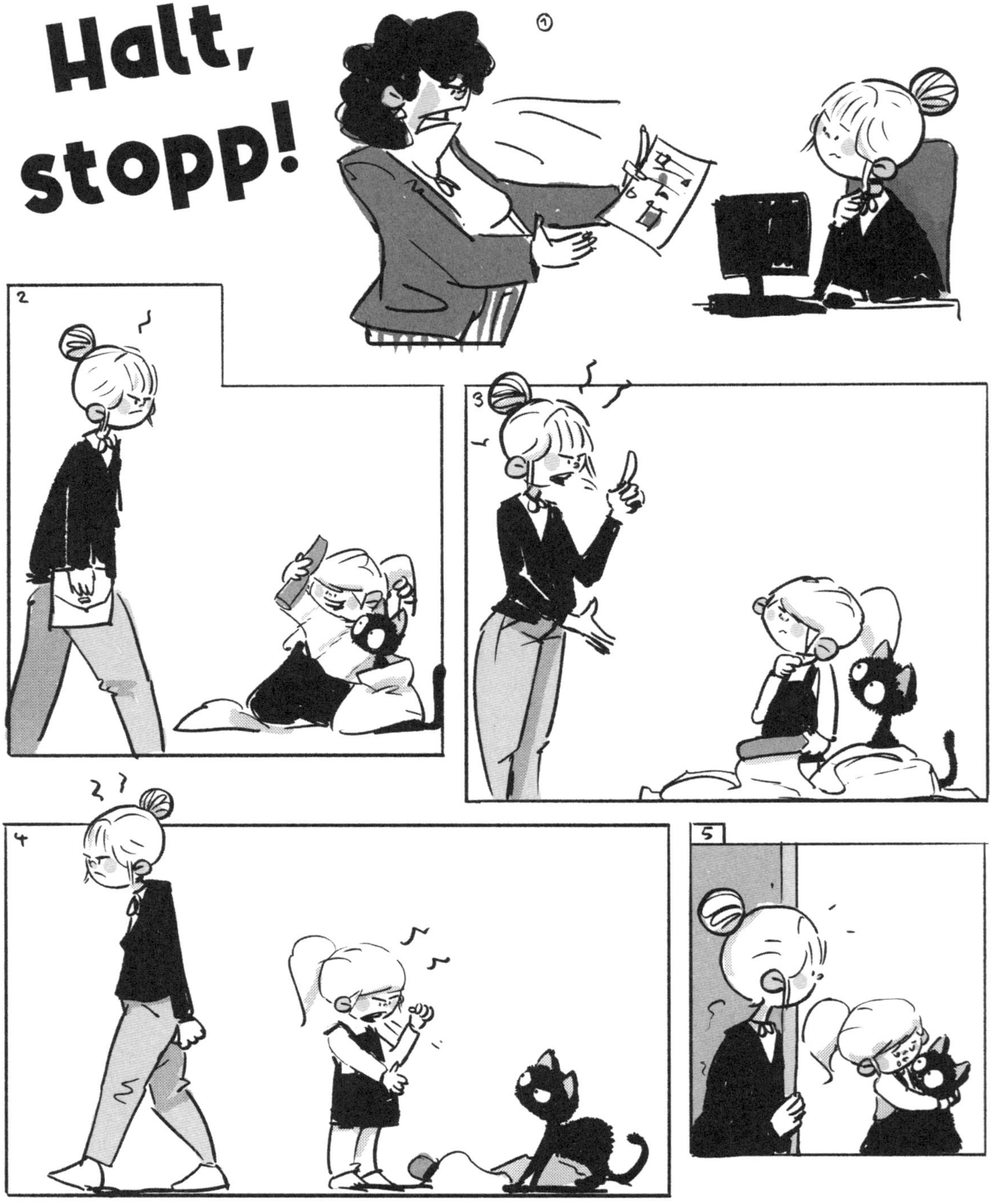

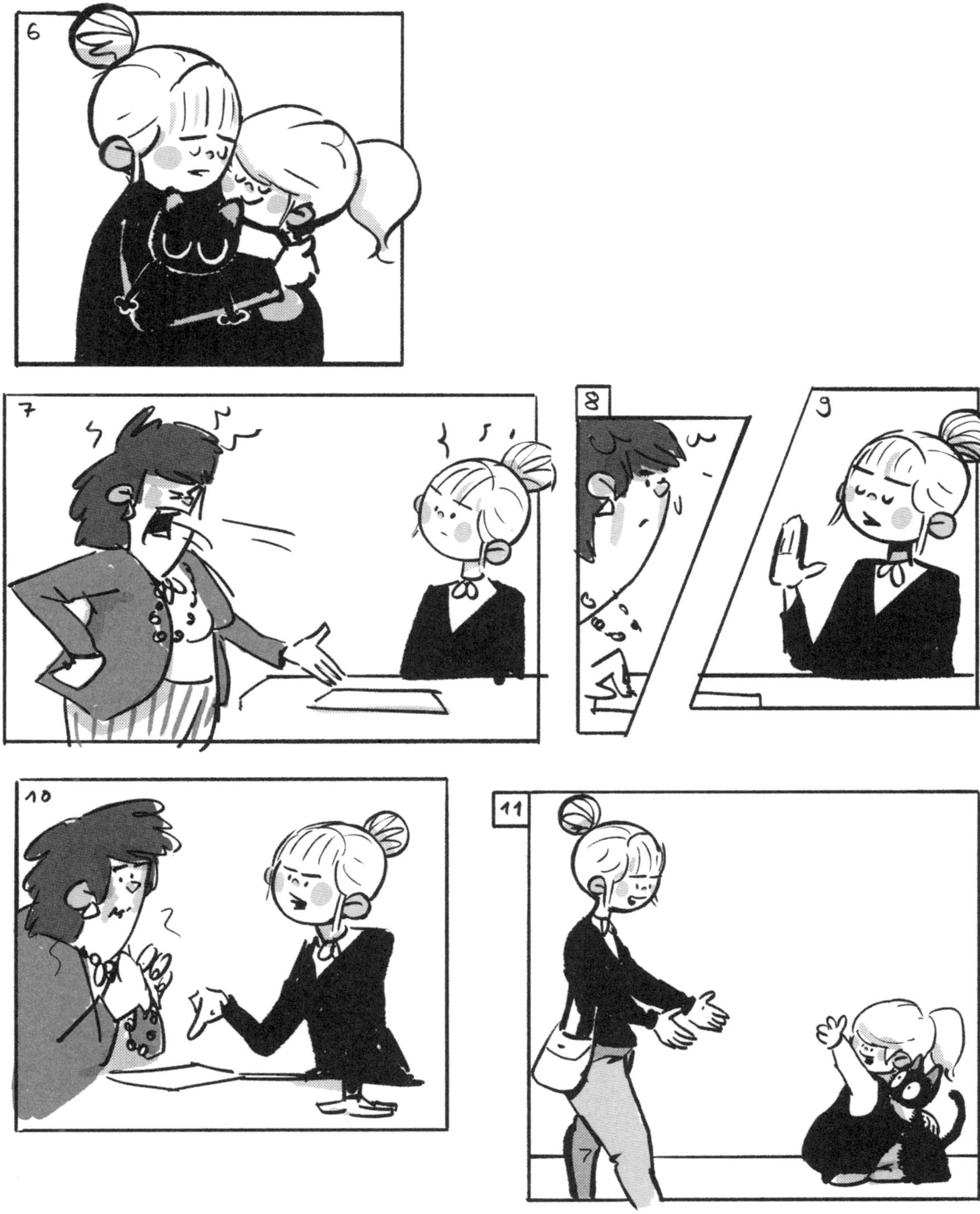
6
7
8
9
10
11

Die Hexe & der Zaubertrank

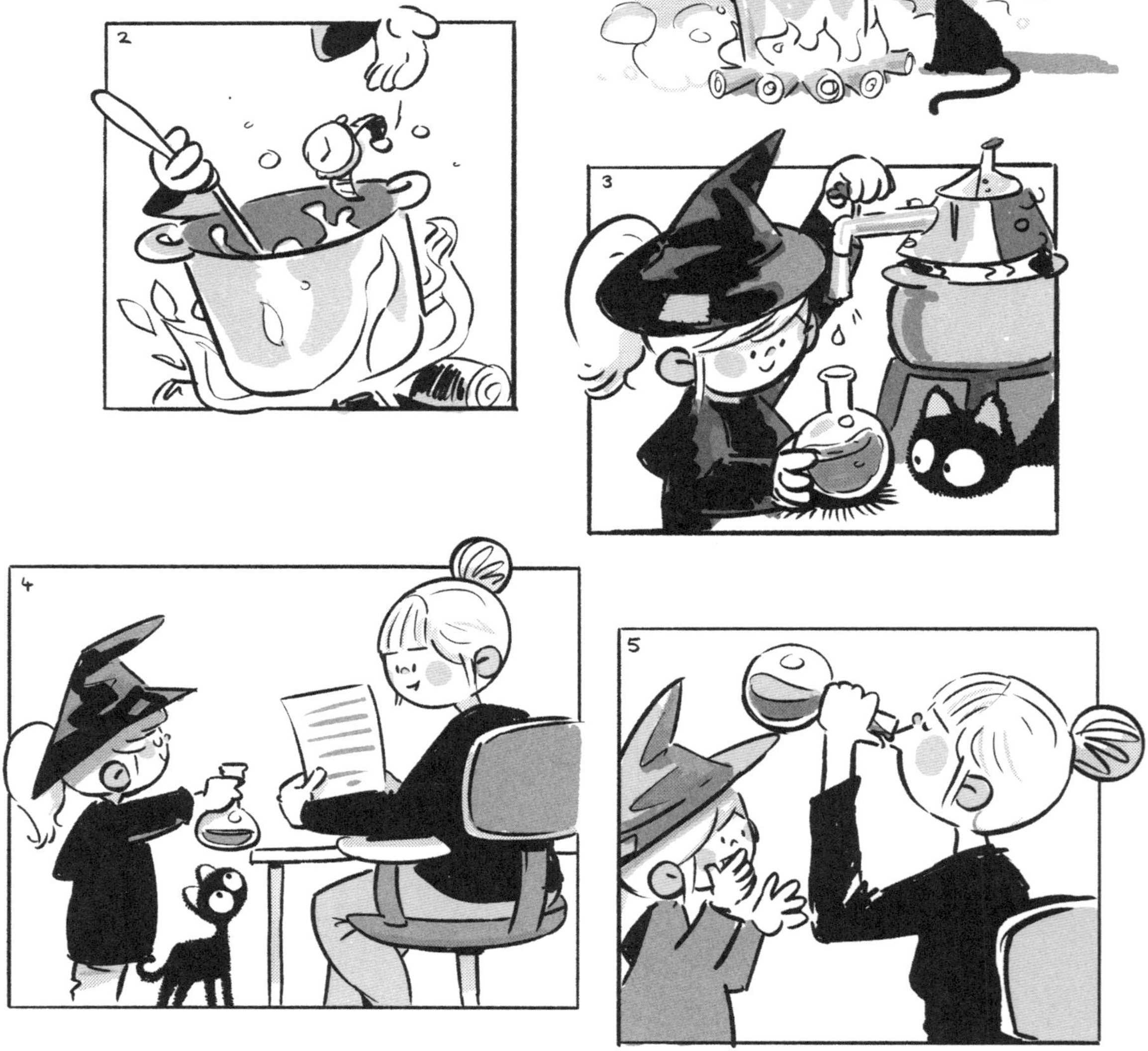

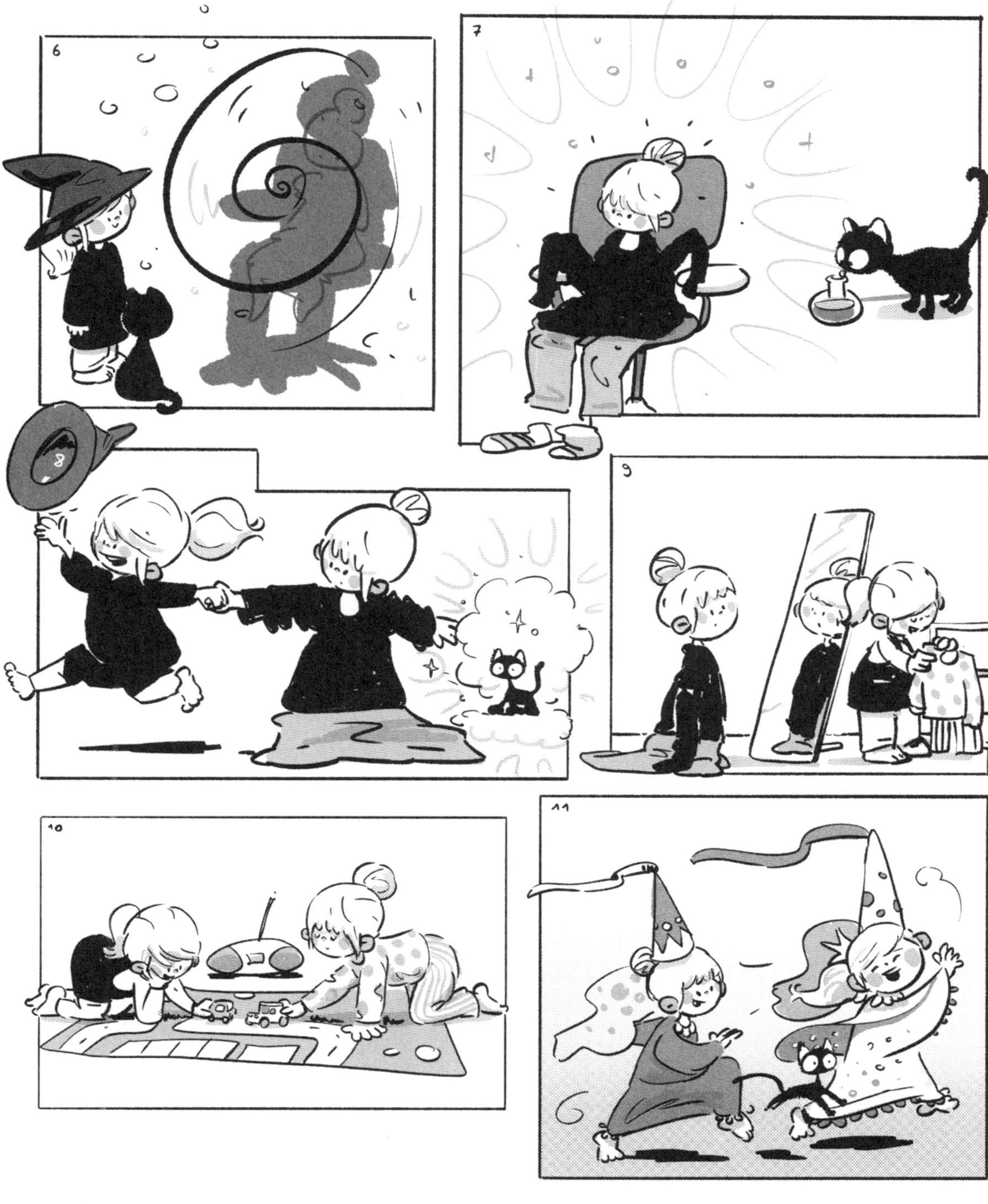

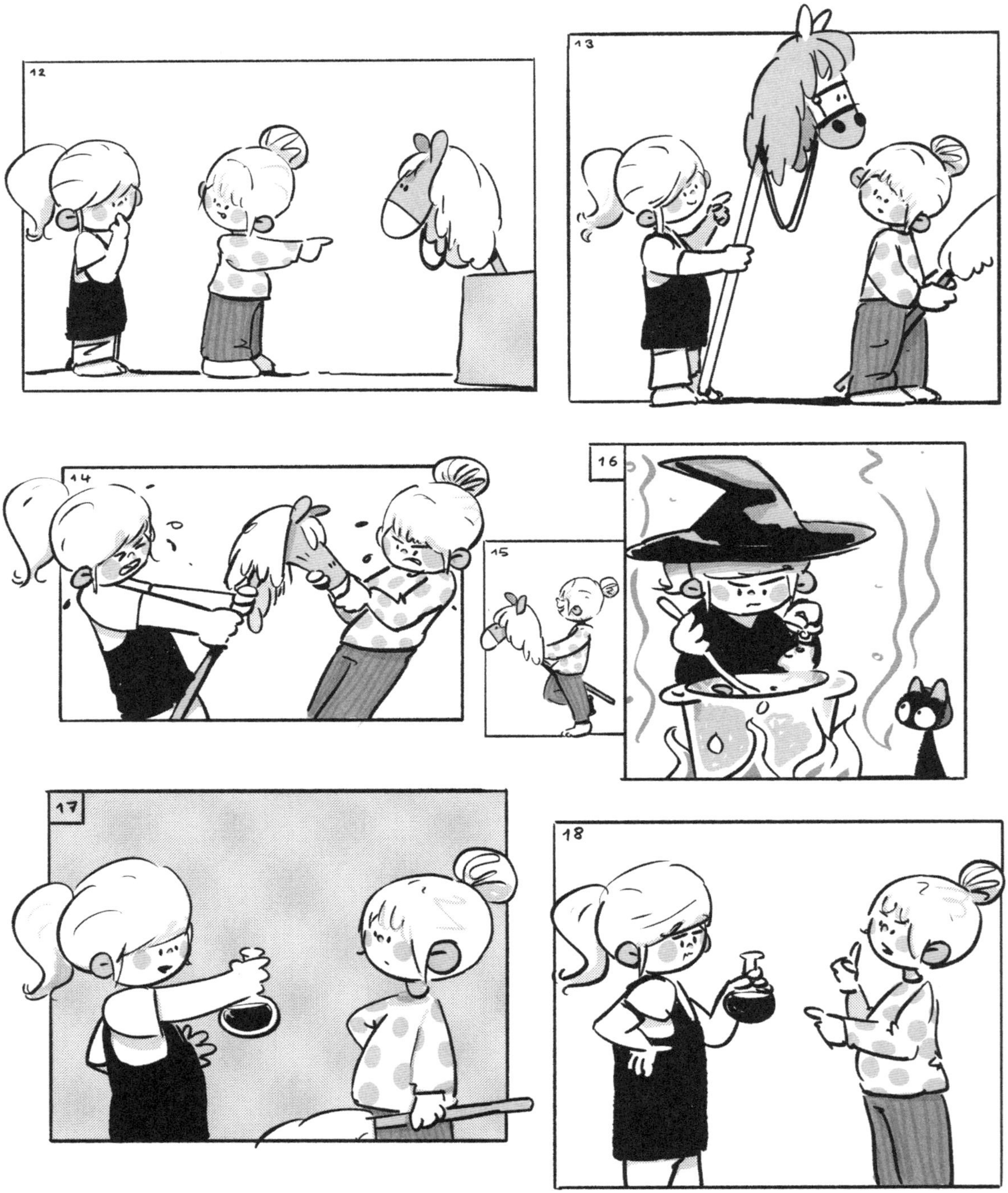
12
13
14
15
16
17
18

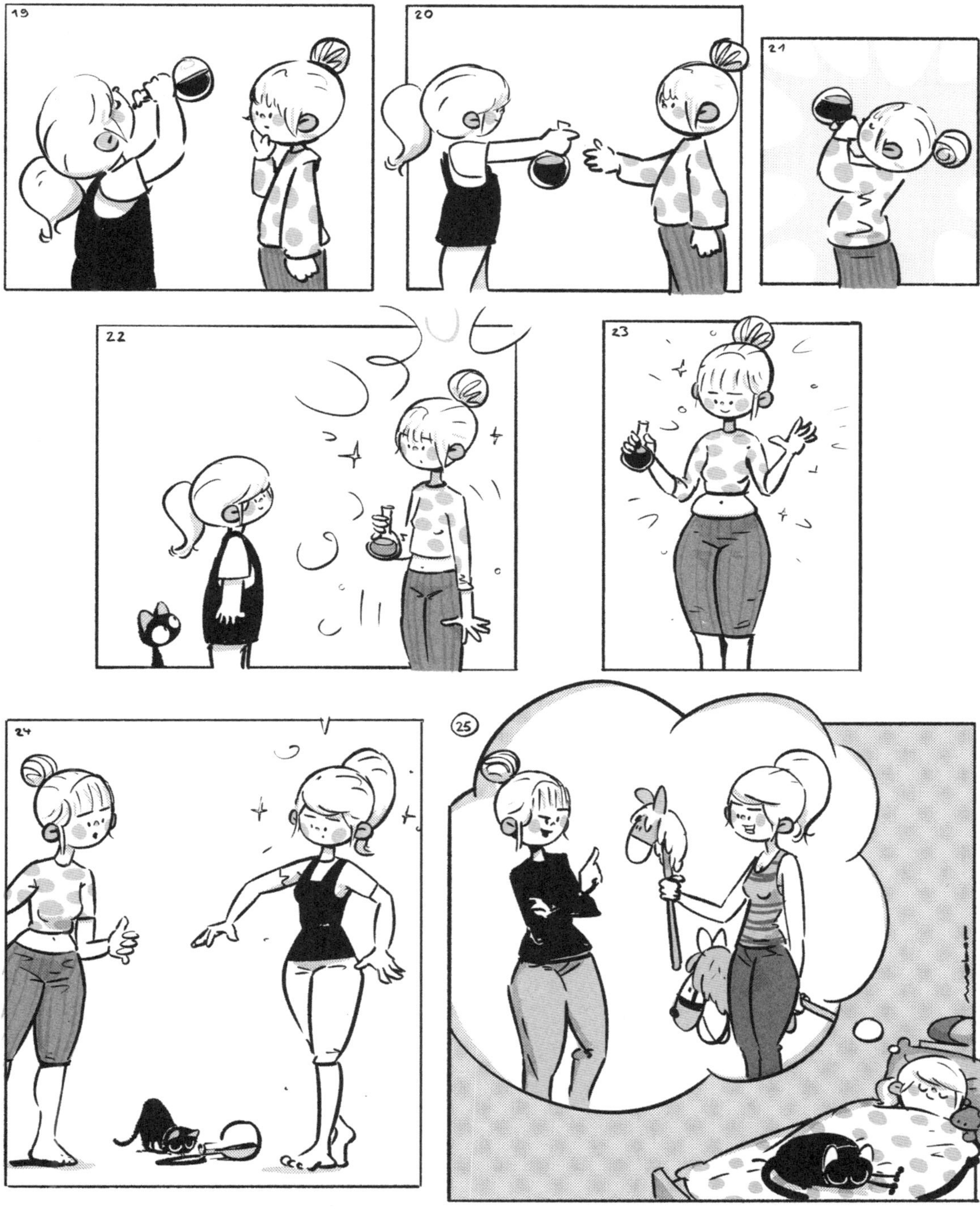

Streicheleinheit für Oma

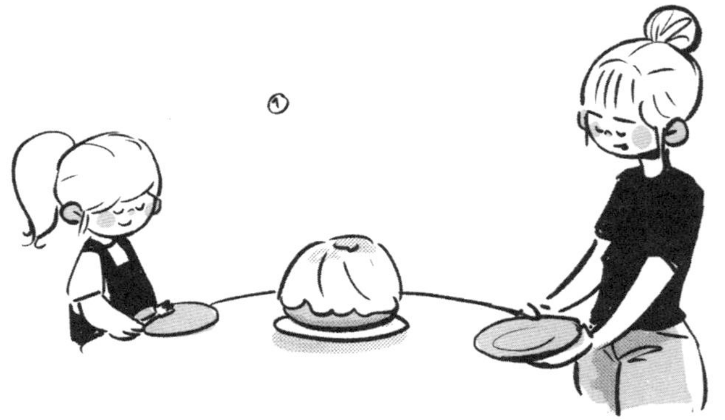

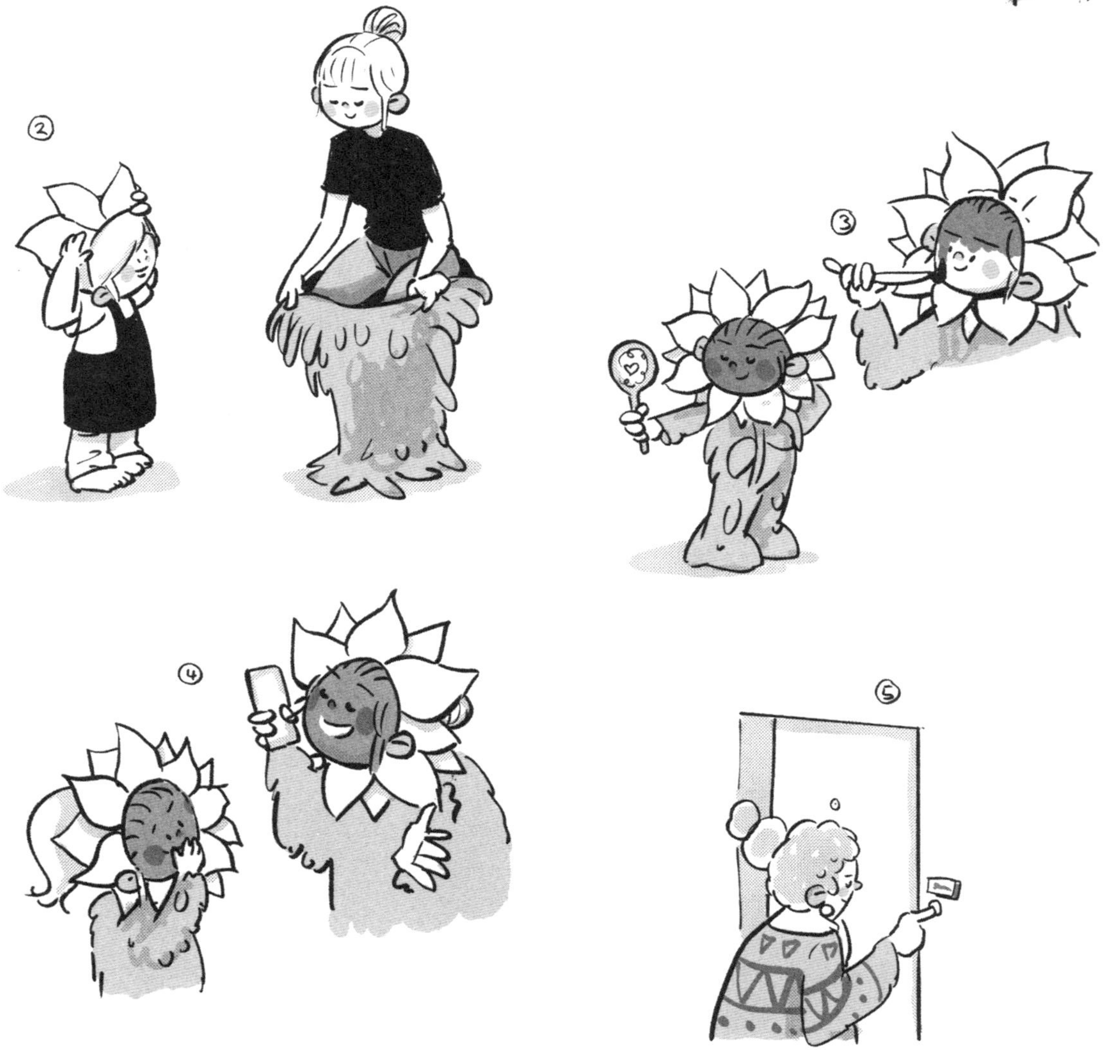

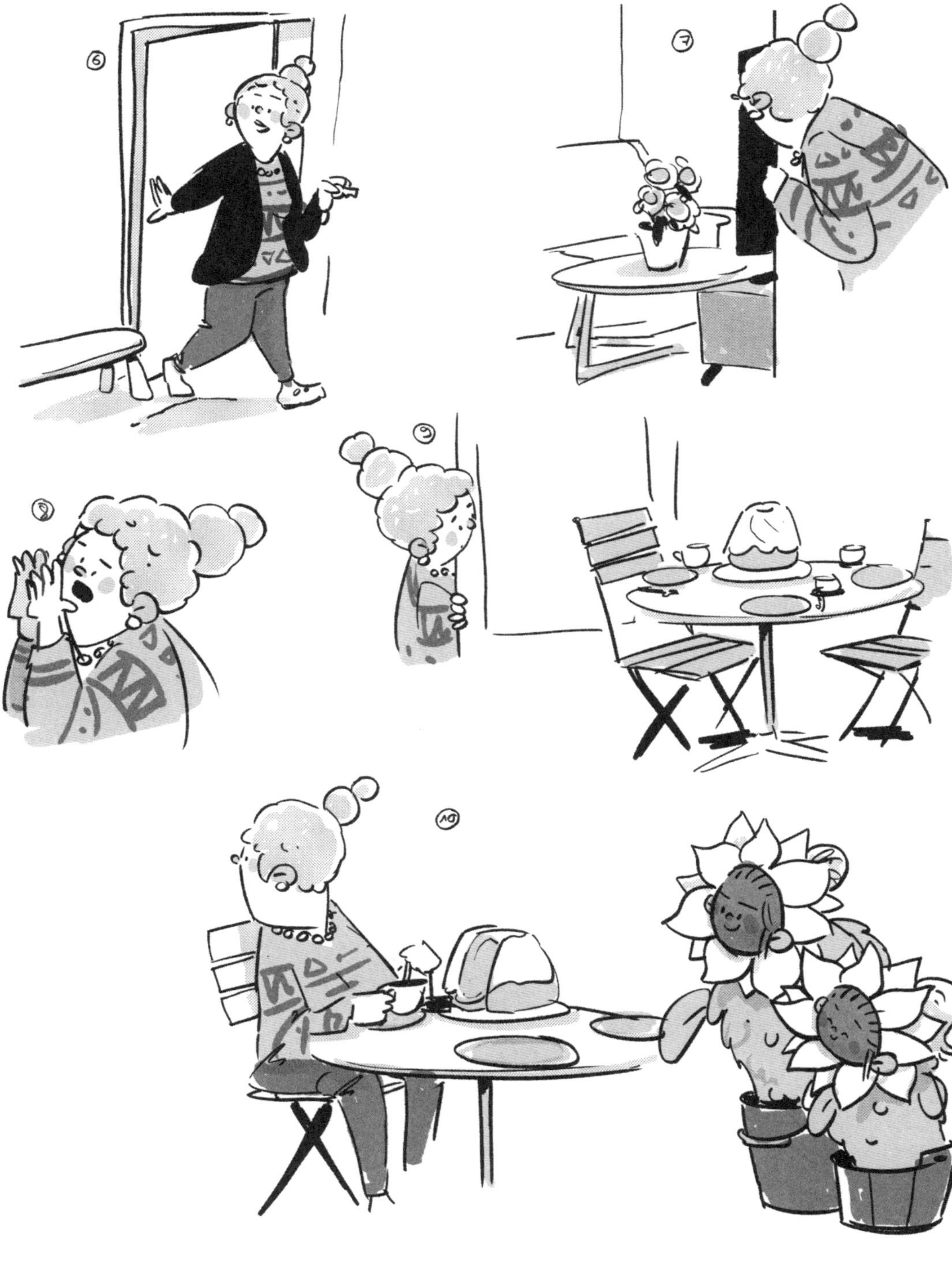

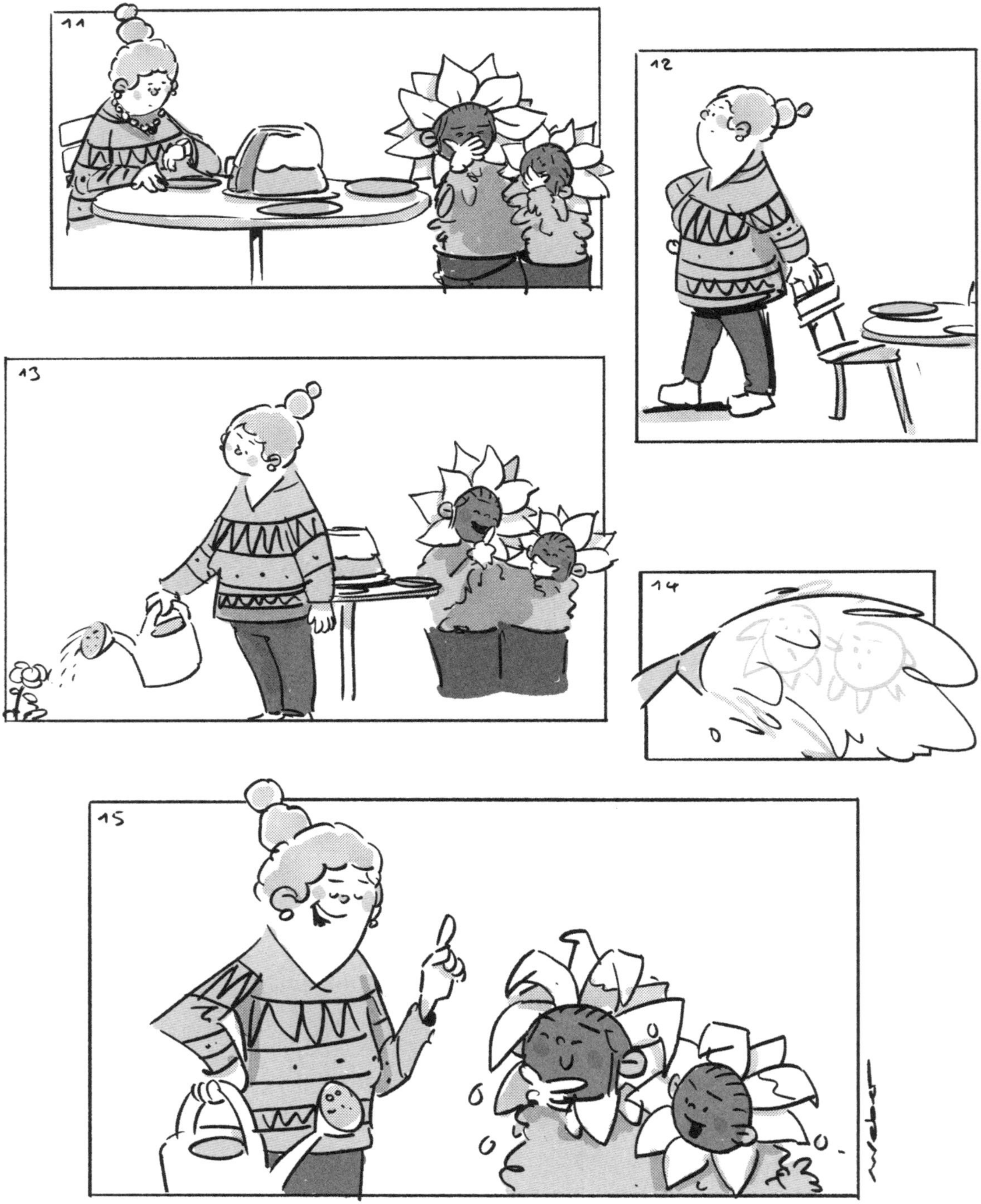
11
12
13
14
15

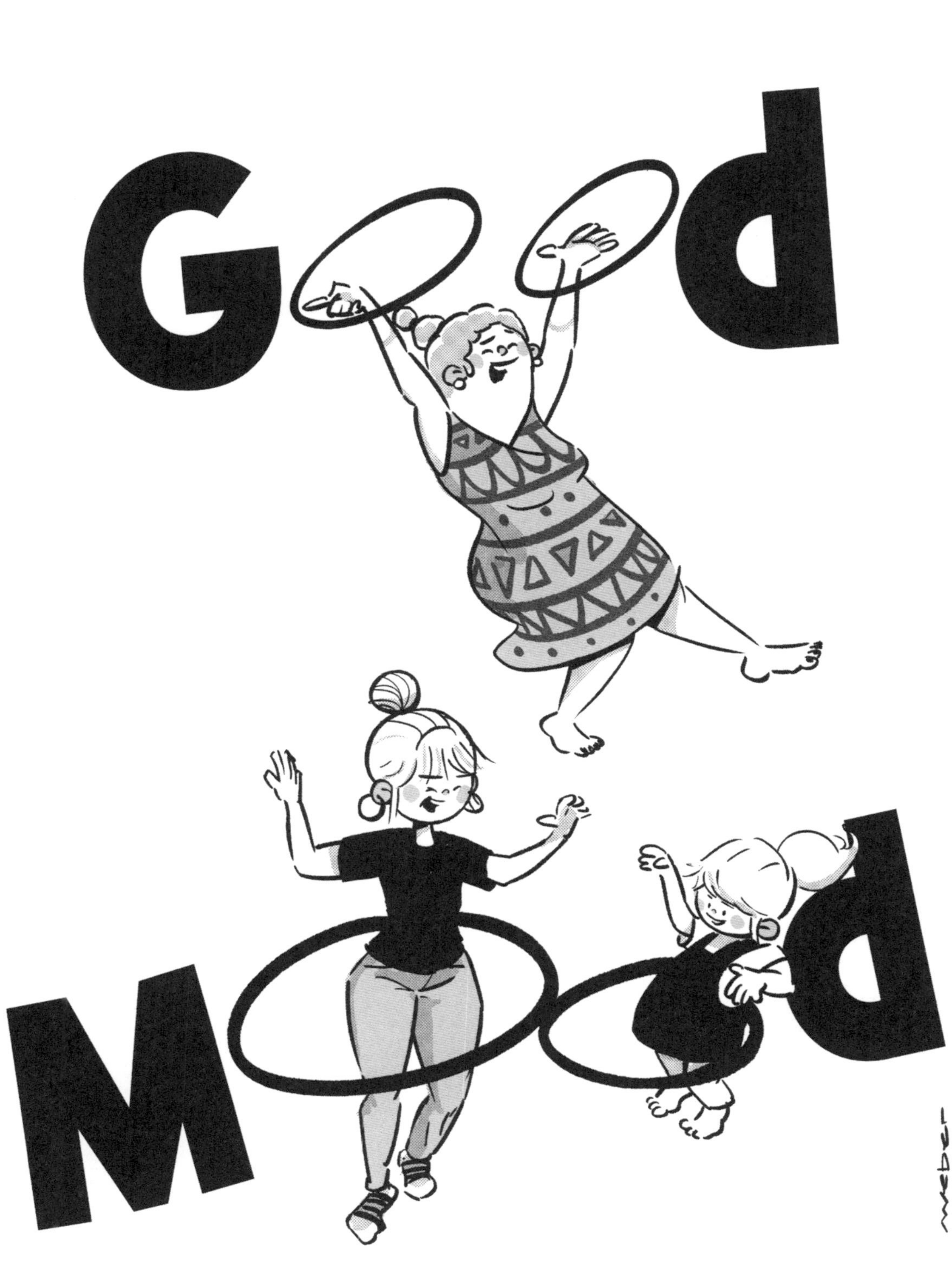
Good
Mood
weber

Ein verrückter Traum

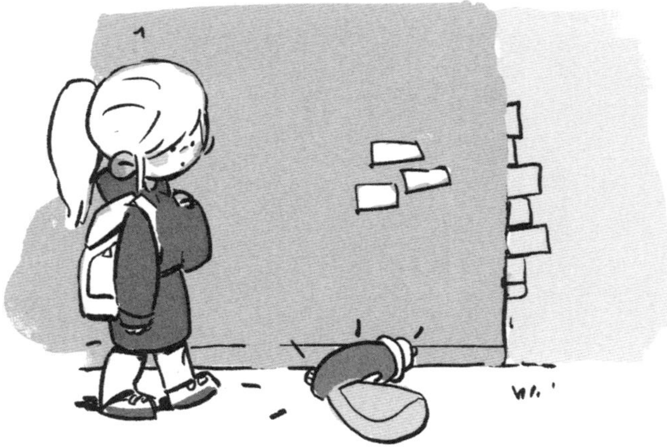

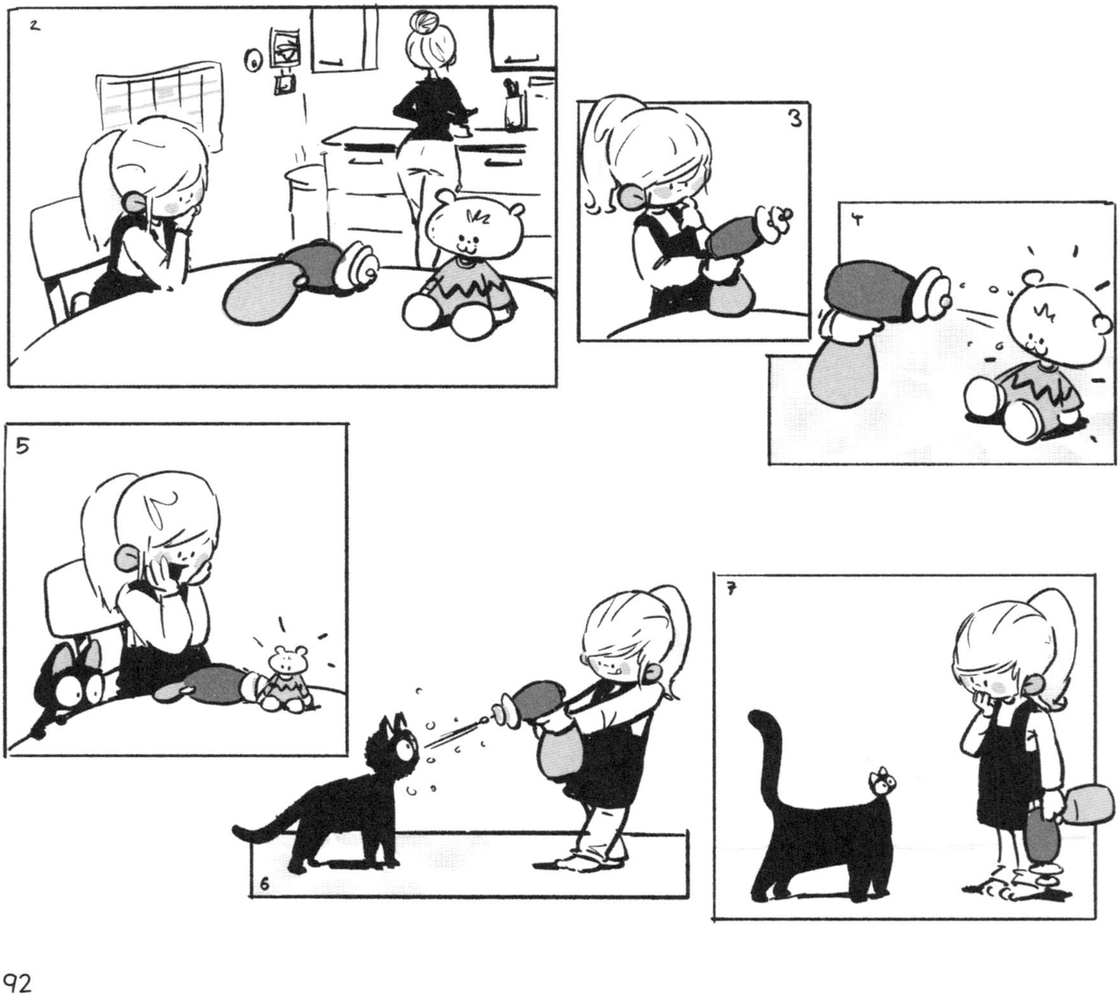

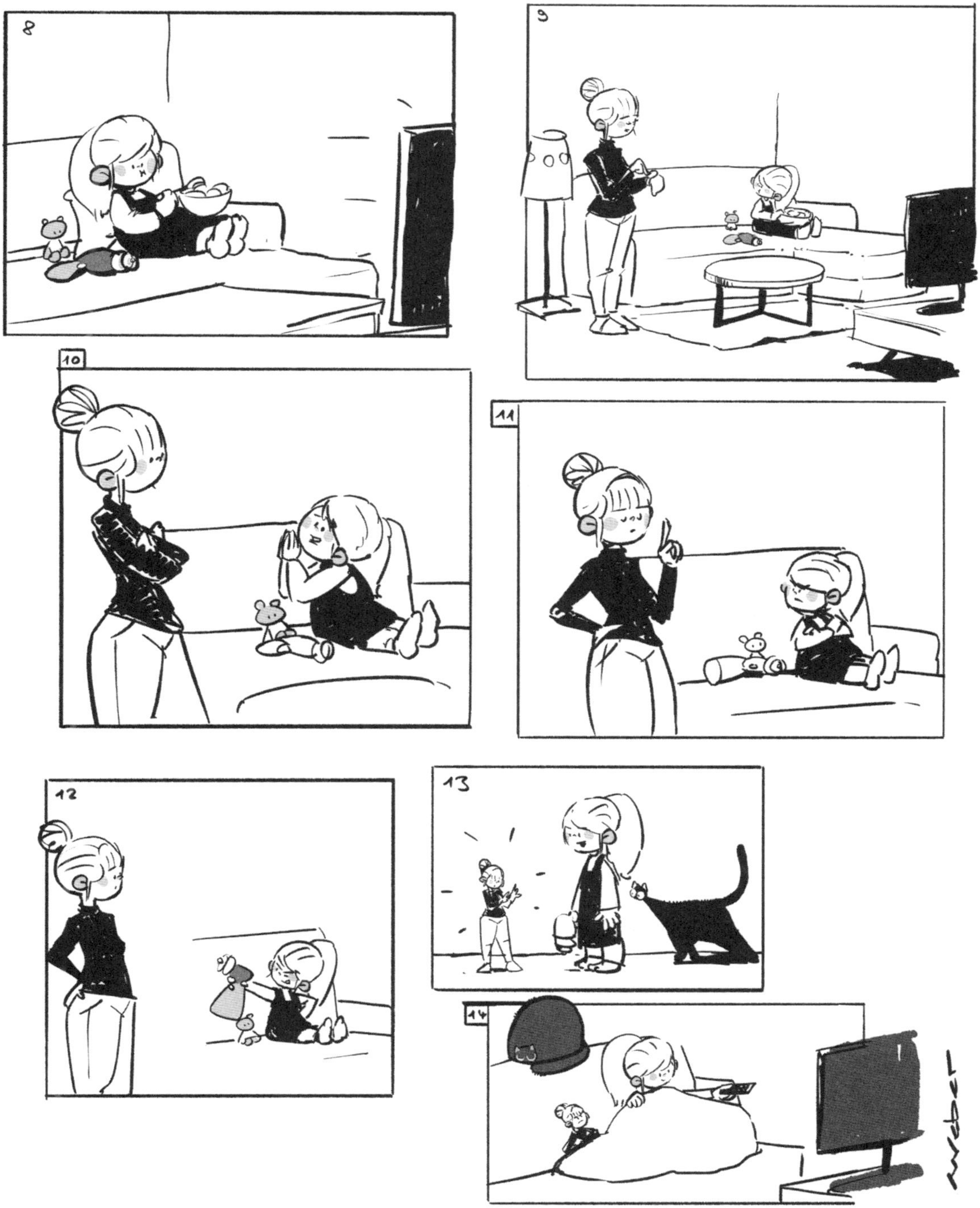
8
9
10
11
12
13
14
weber

Mach mich wieder groß

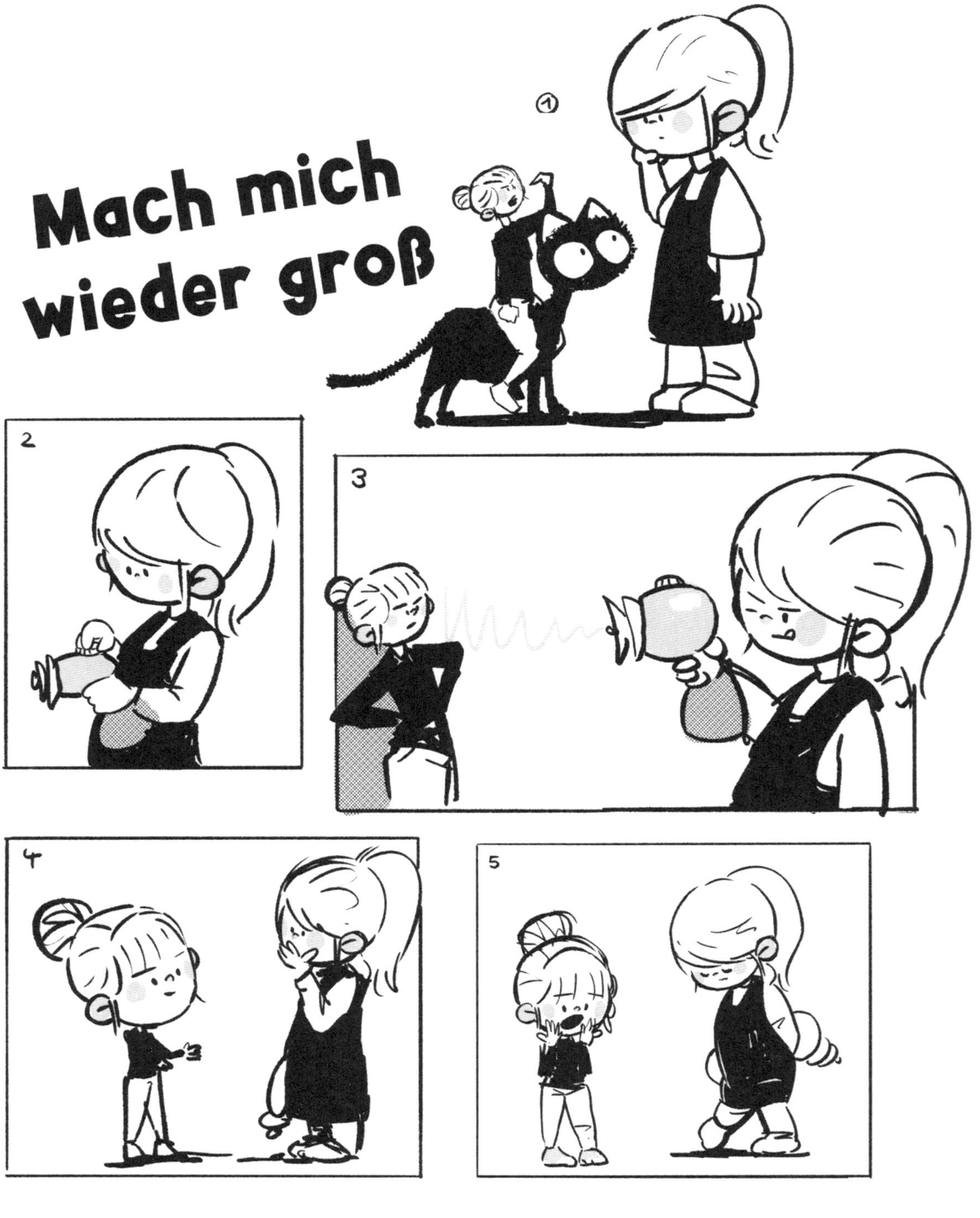

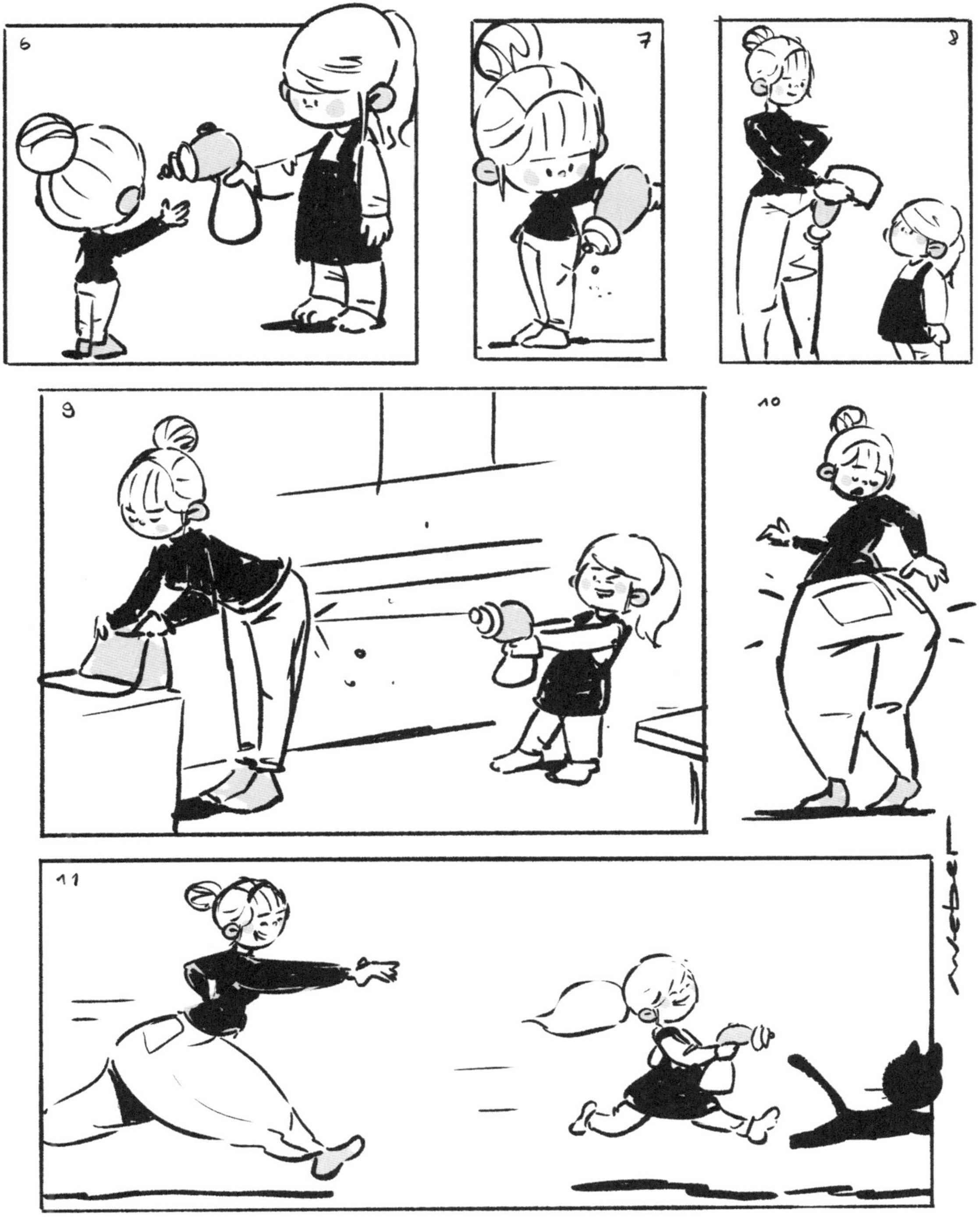

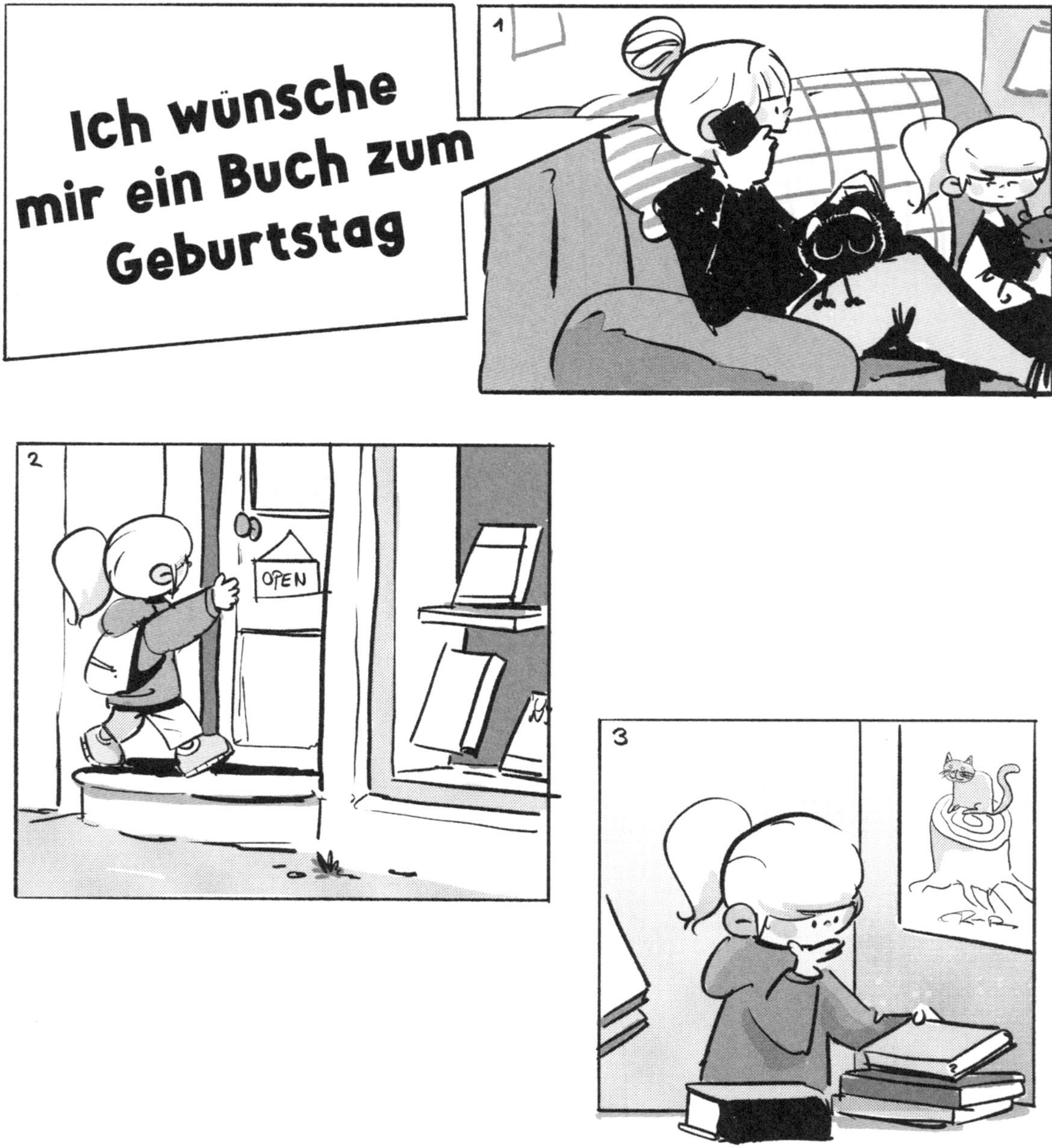
Ich wünsche mir ein Buch zum Geburtstag
OPEN

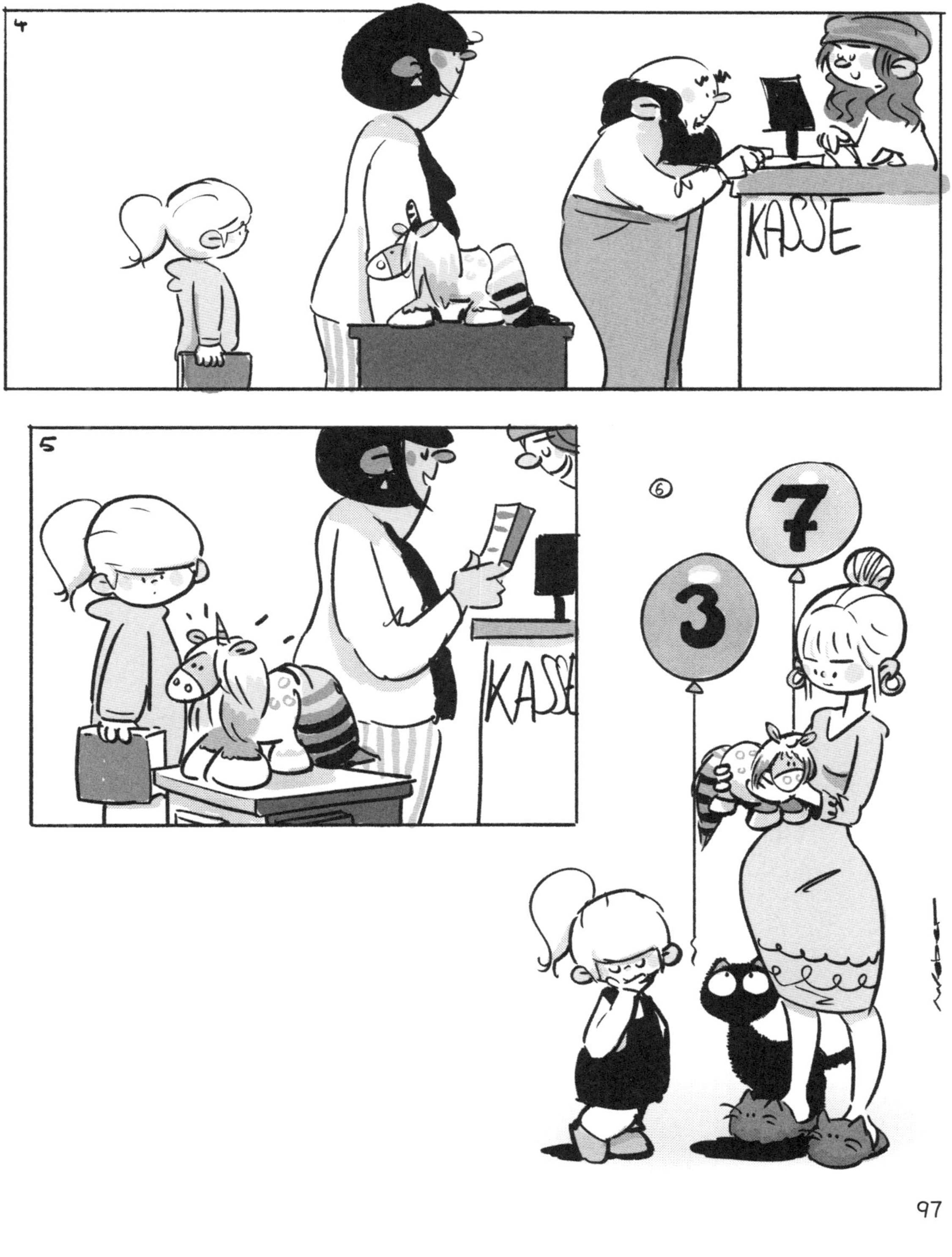
4
KASSE
5
6
7
3

Kleiner Aprilscherz

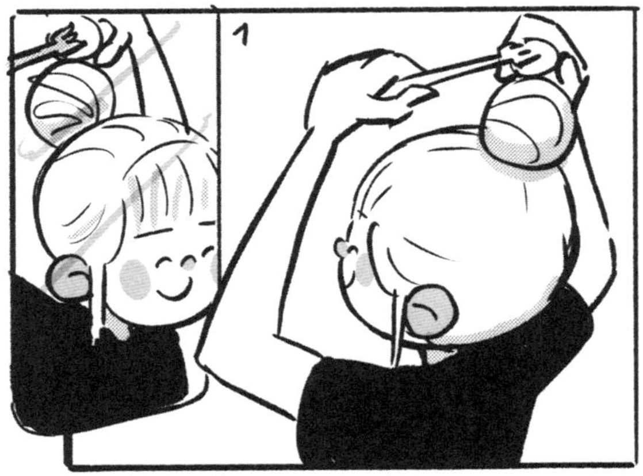

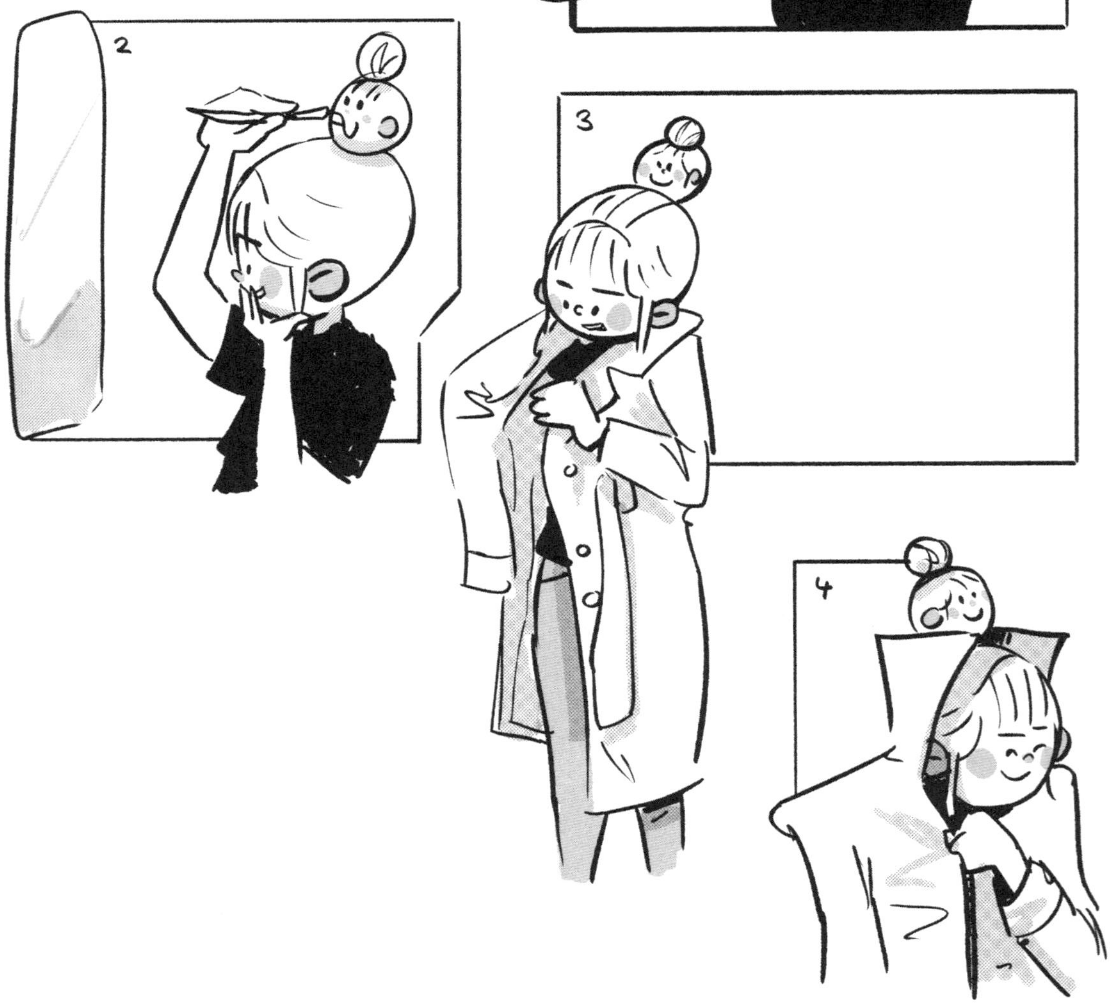

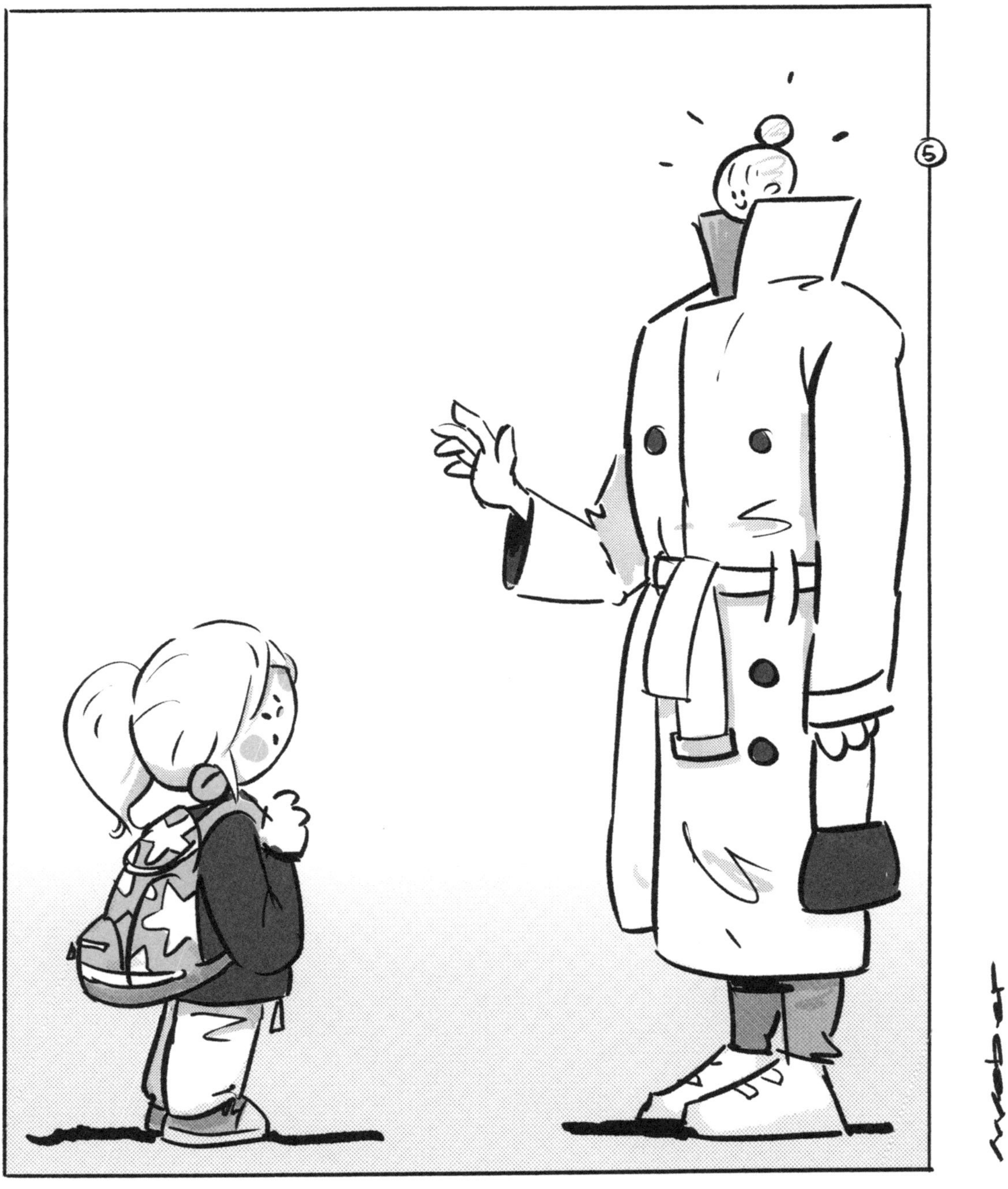

Drei Wünsche

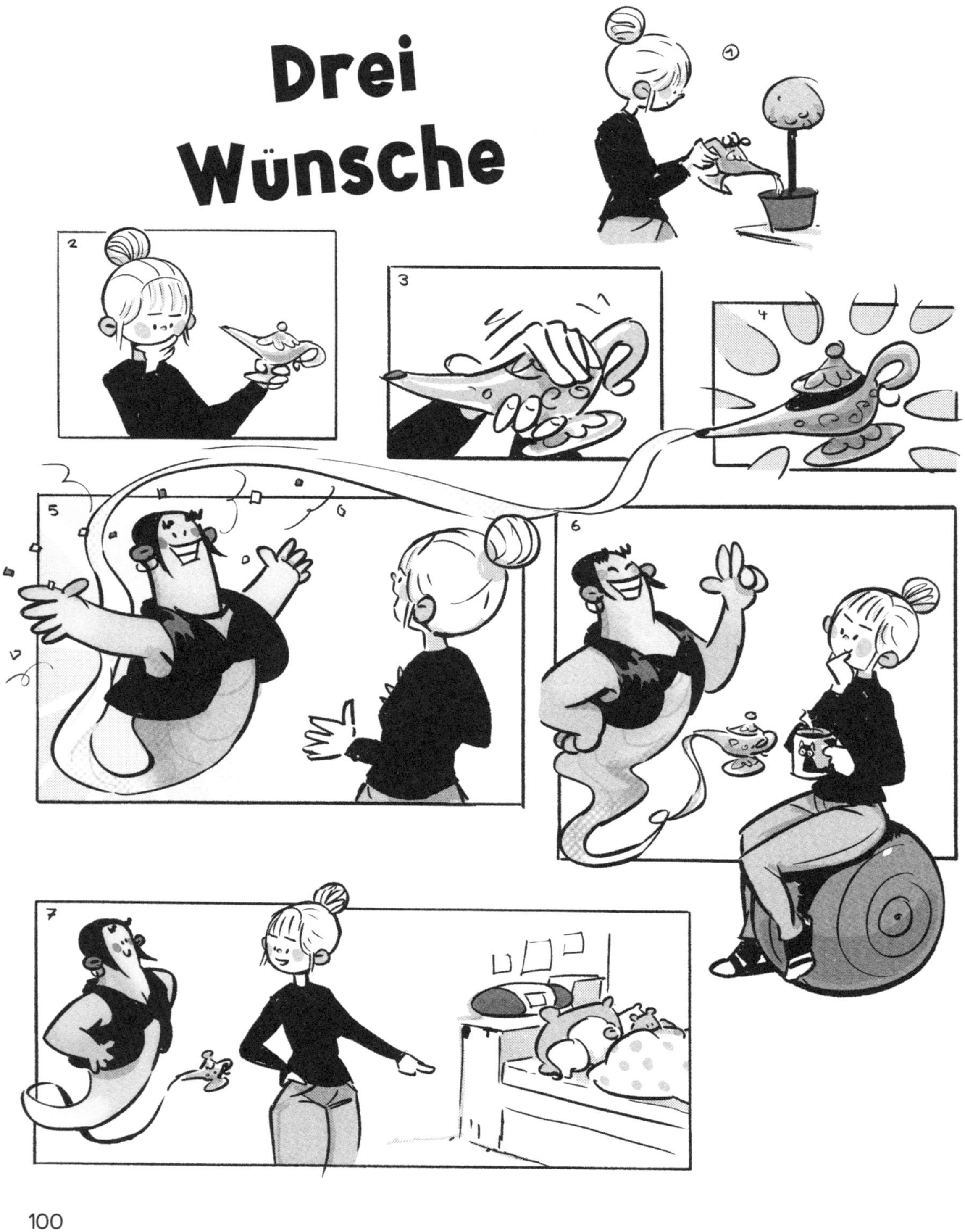

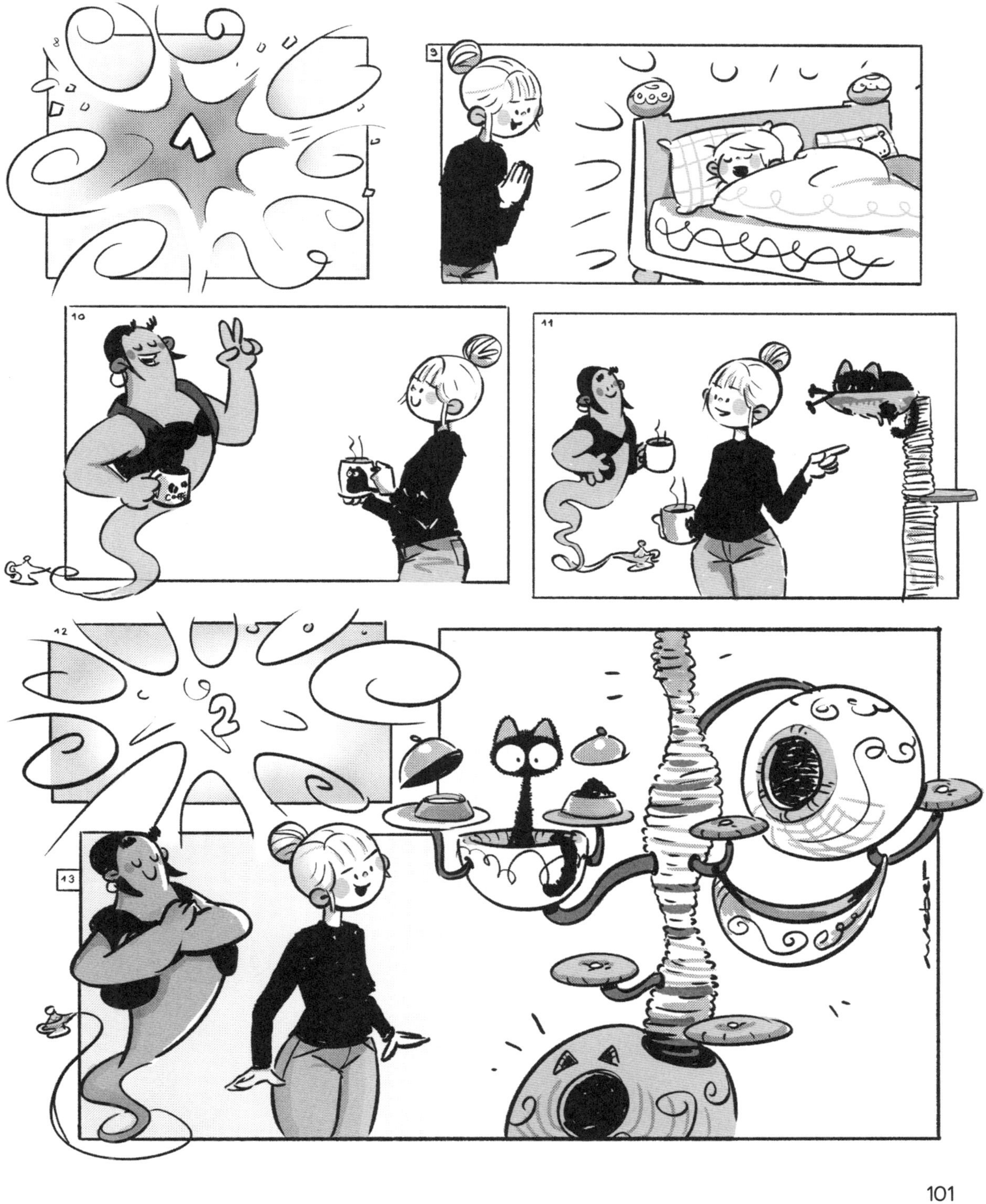
1
2

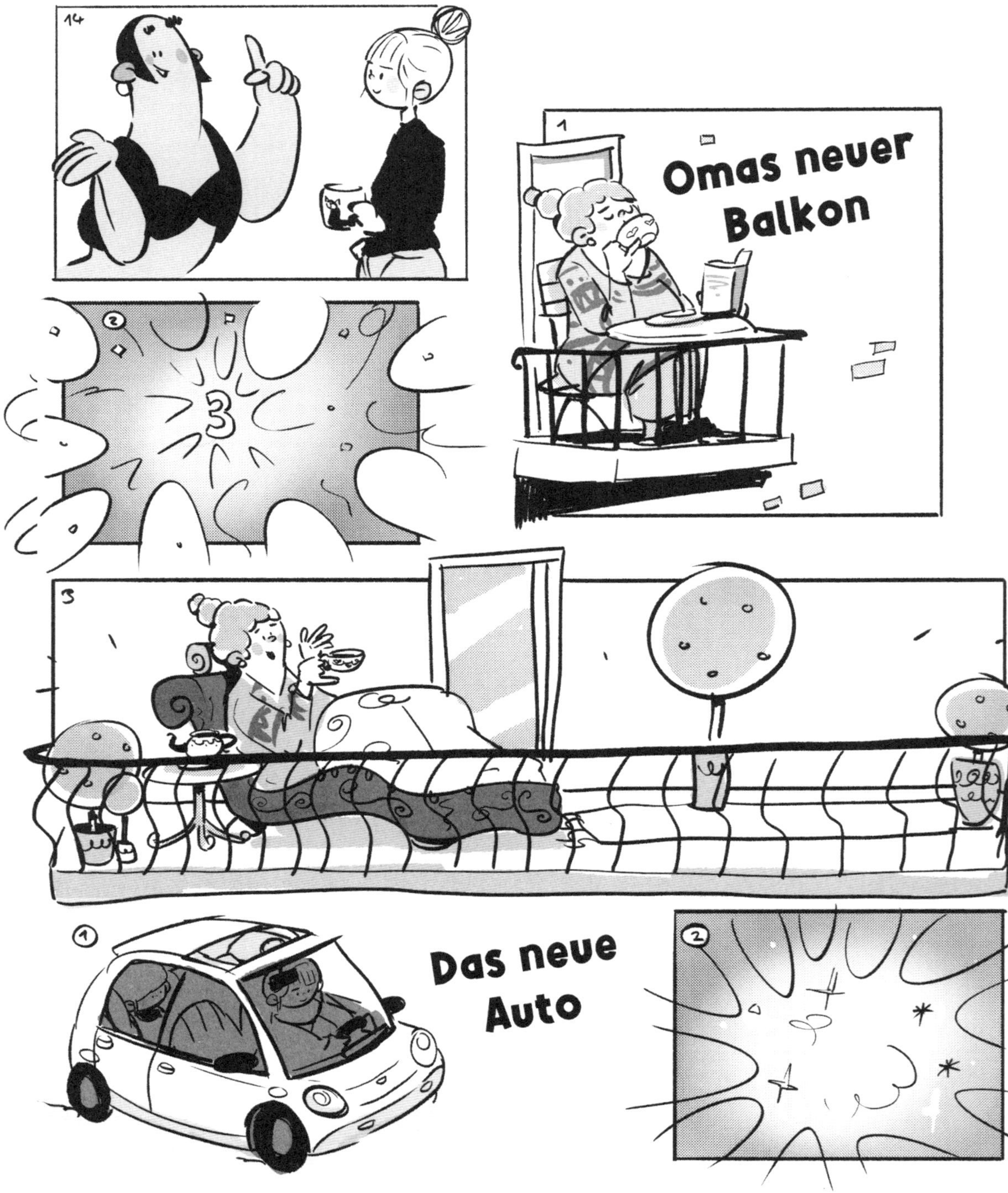
Omas neuer Balkon
3
Das neue Auto

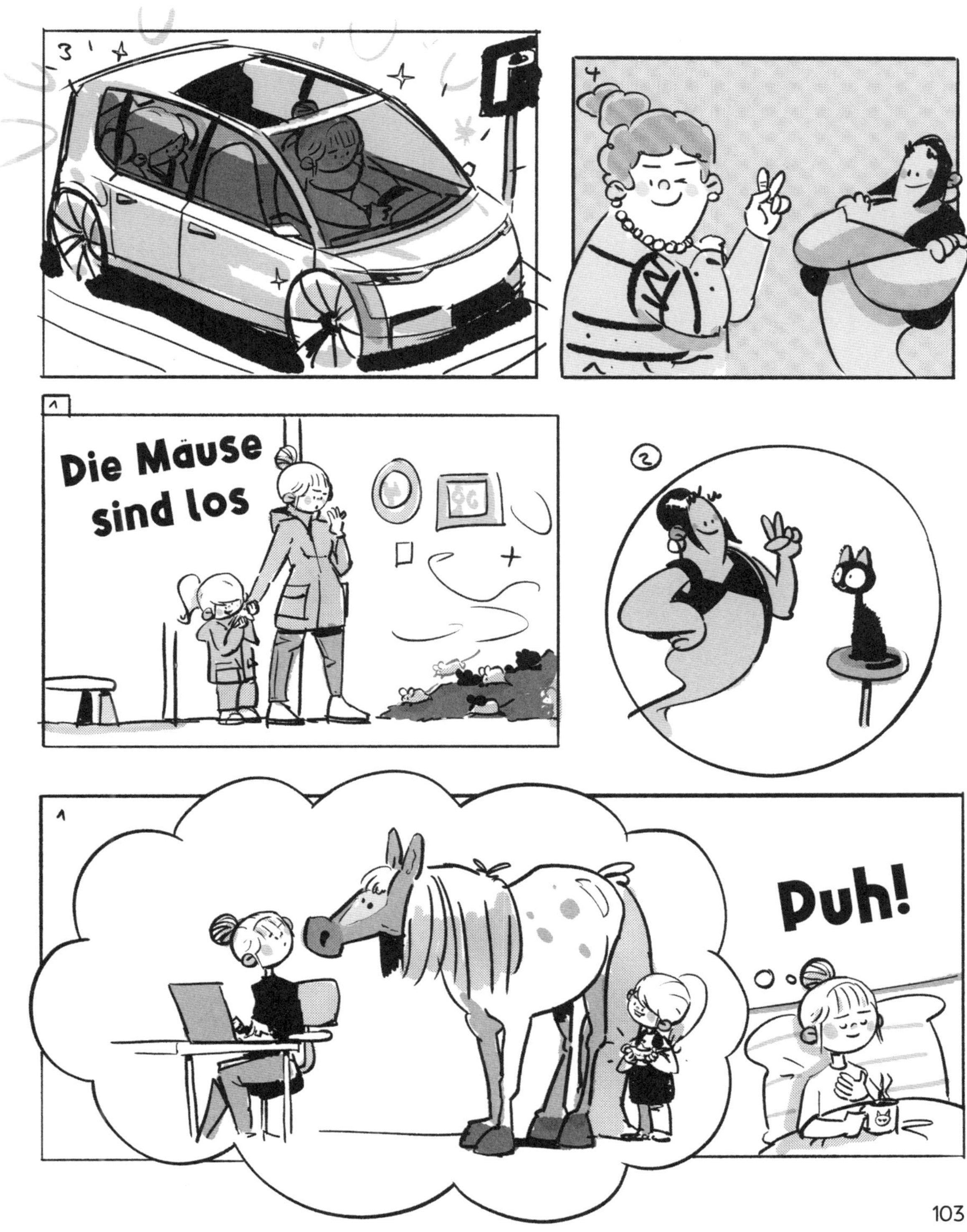
Die Mäuse sind los
Puh!

Die Magie der Bücher

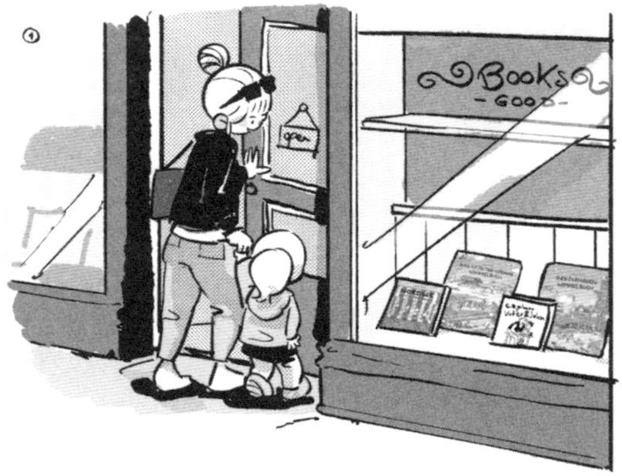

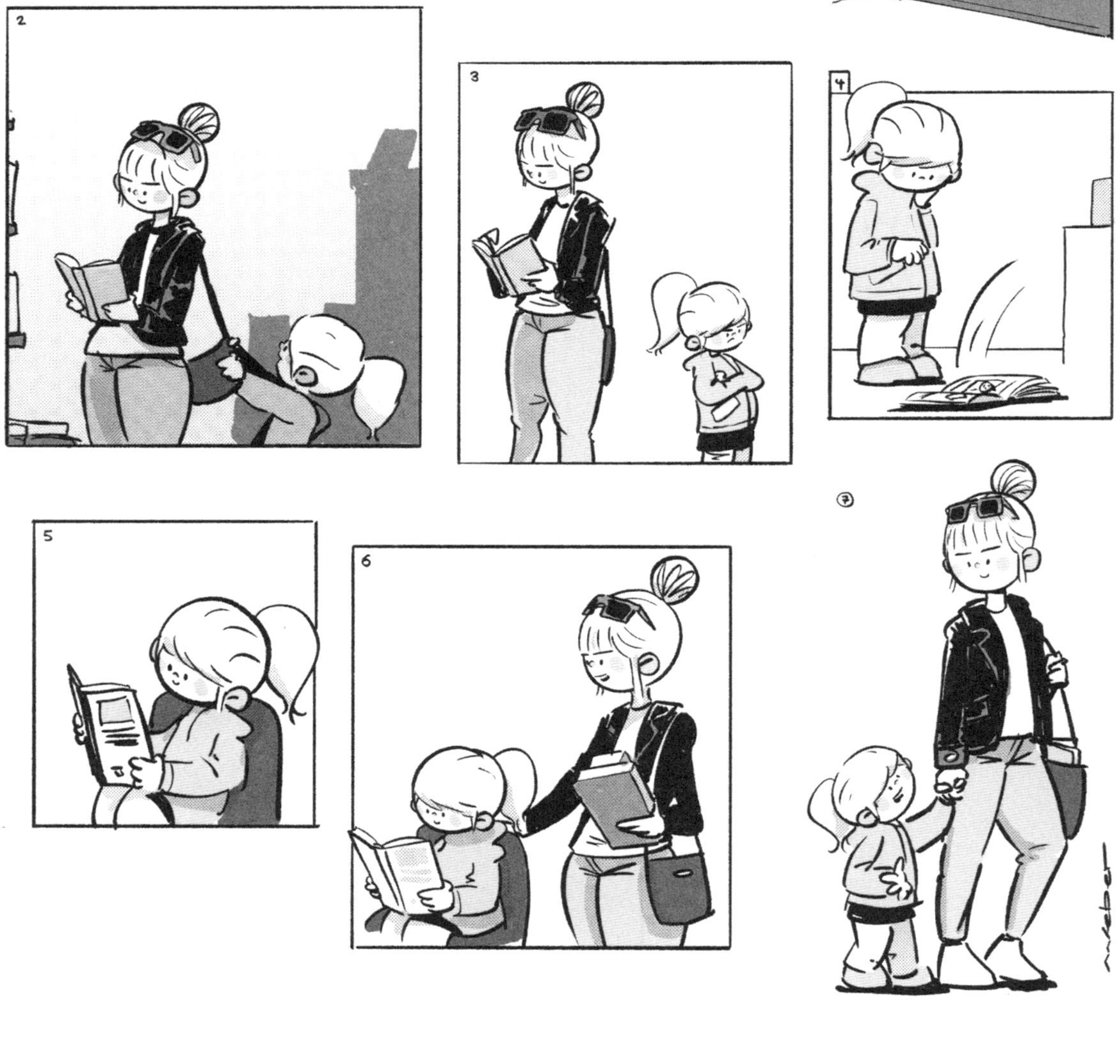

Hilfe aus der Vergangenheit

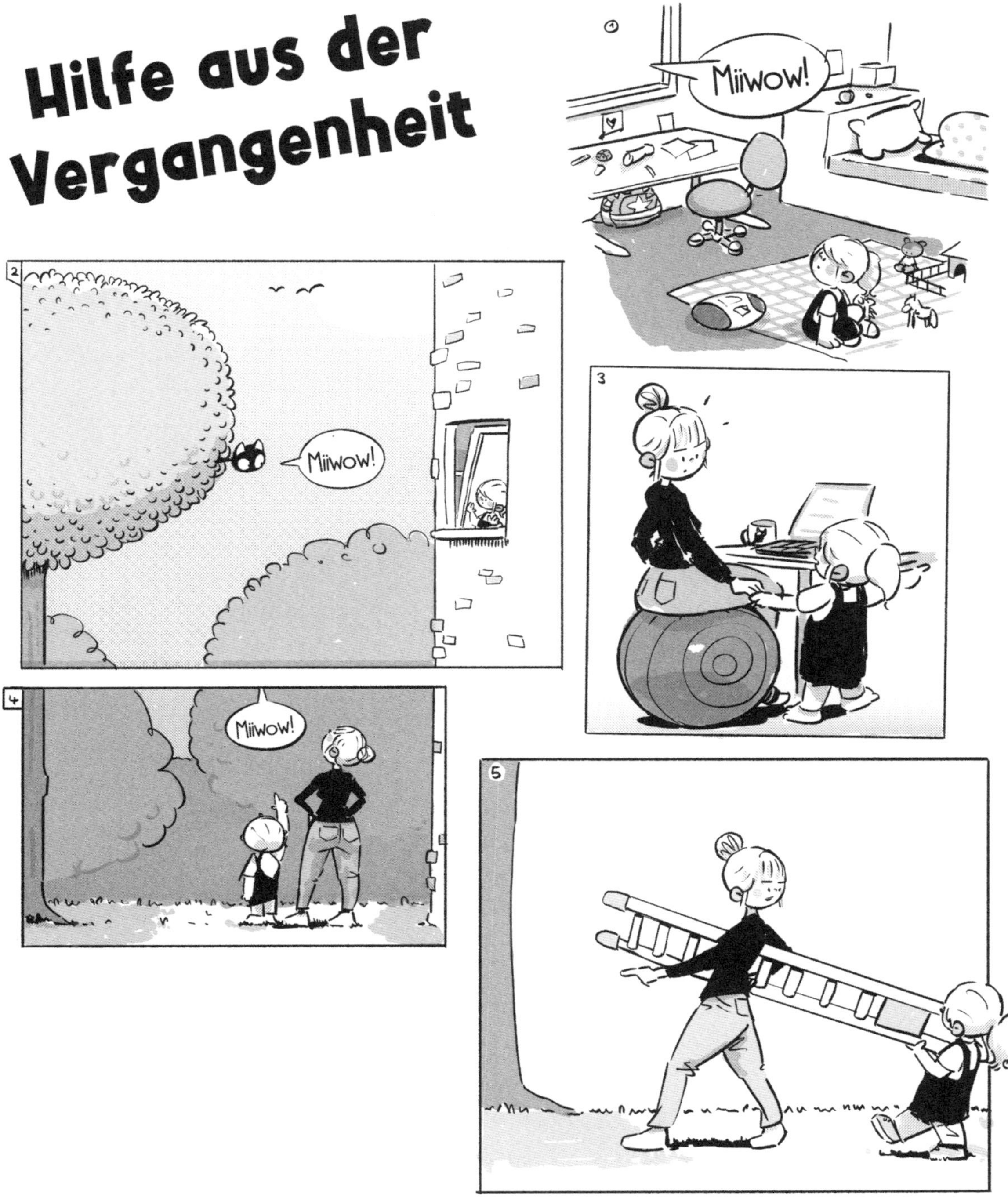

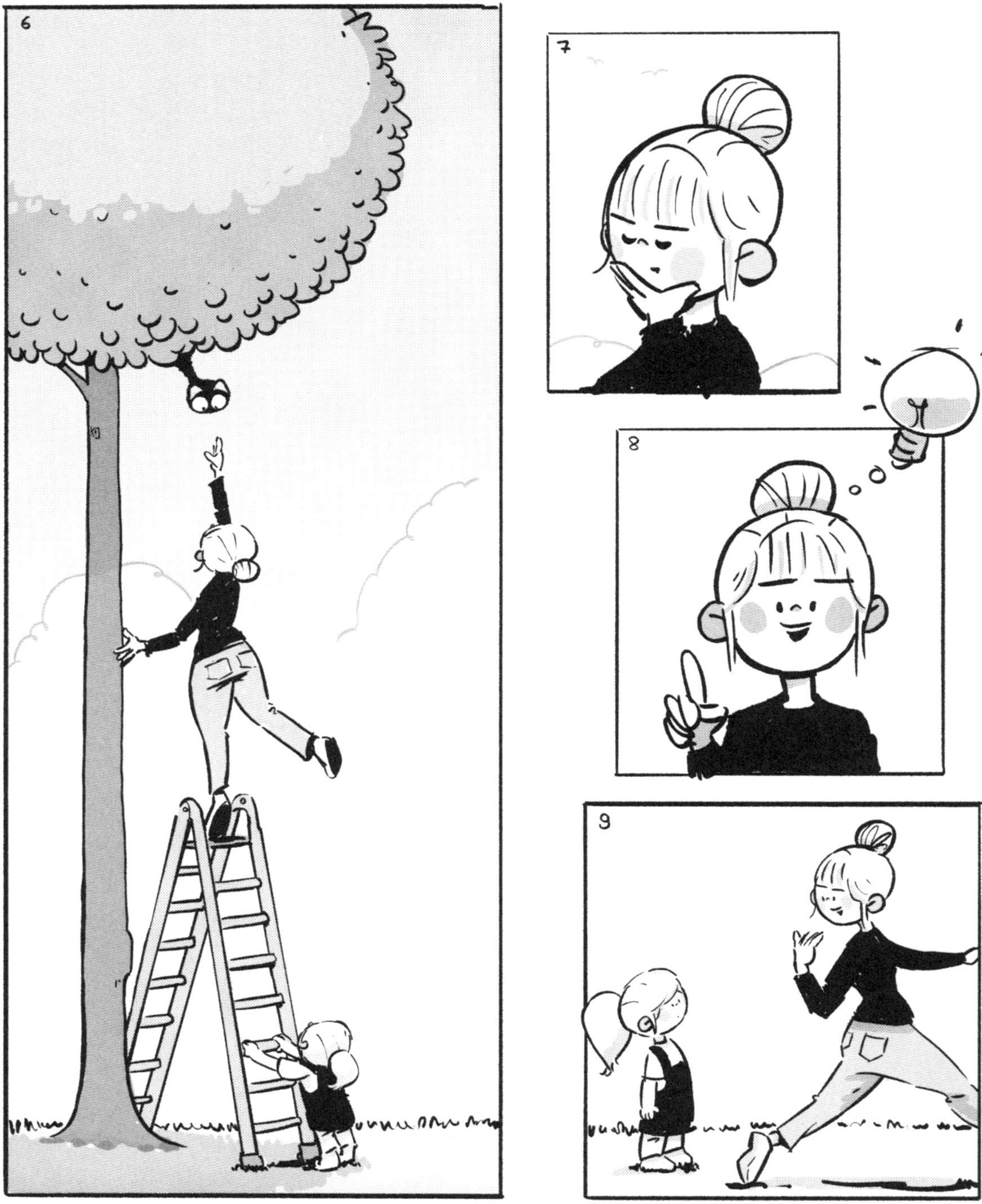

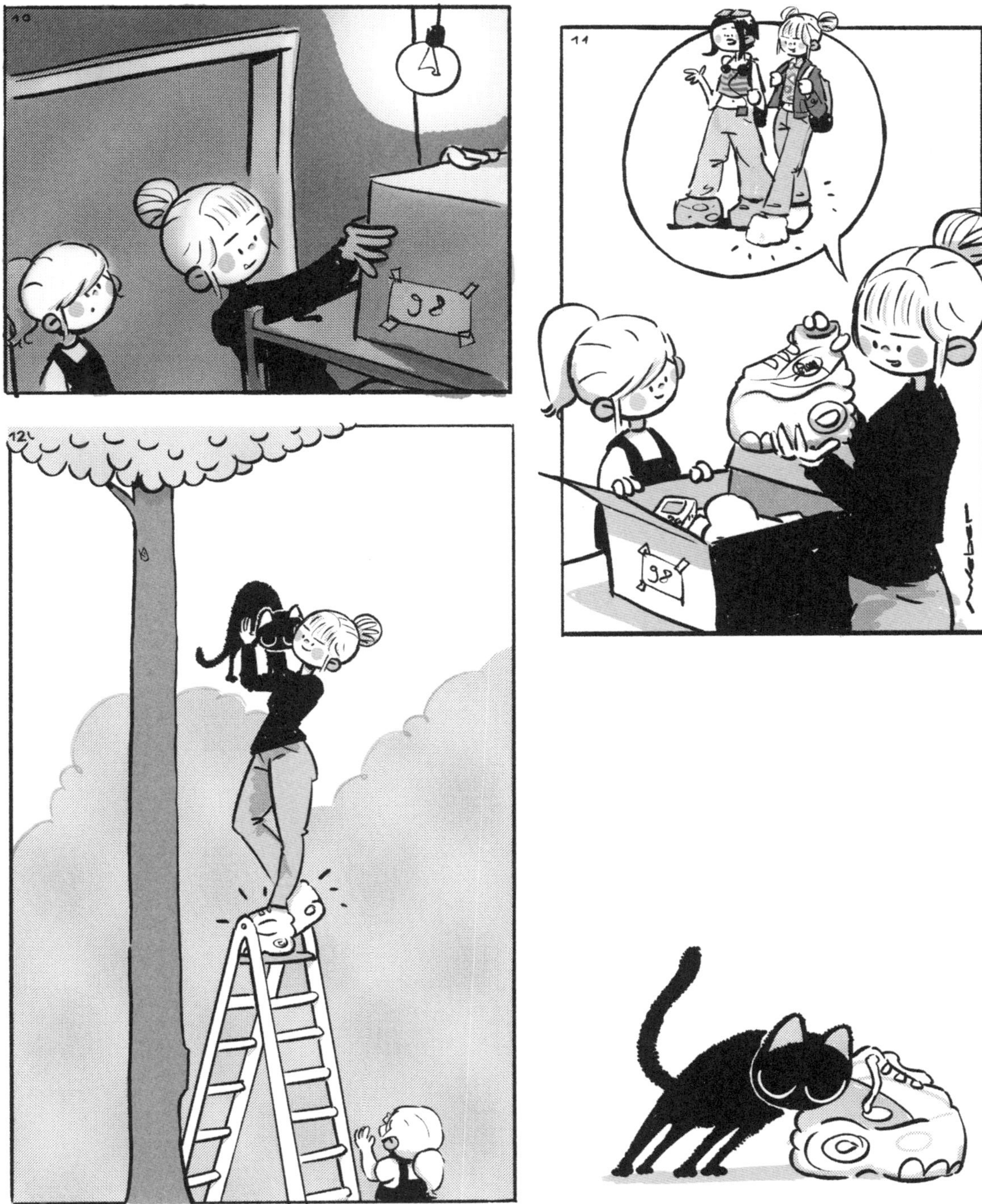

Die Verkleidung

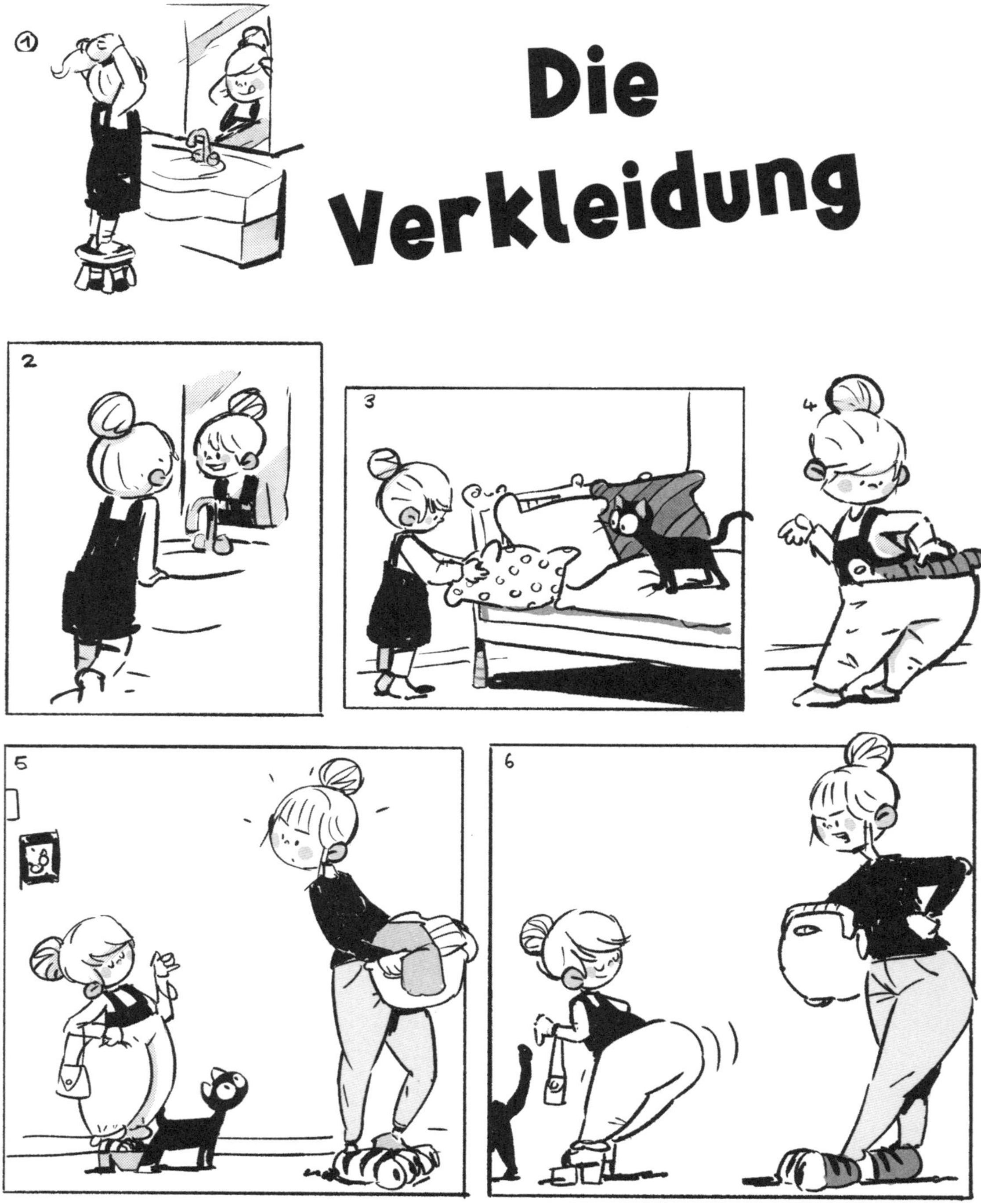

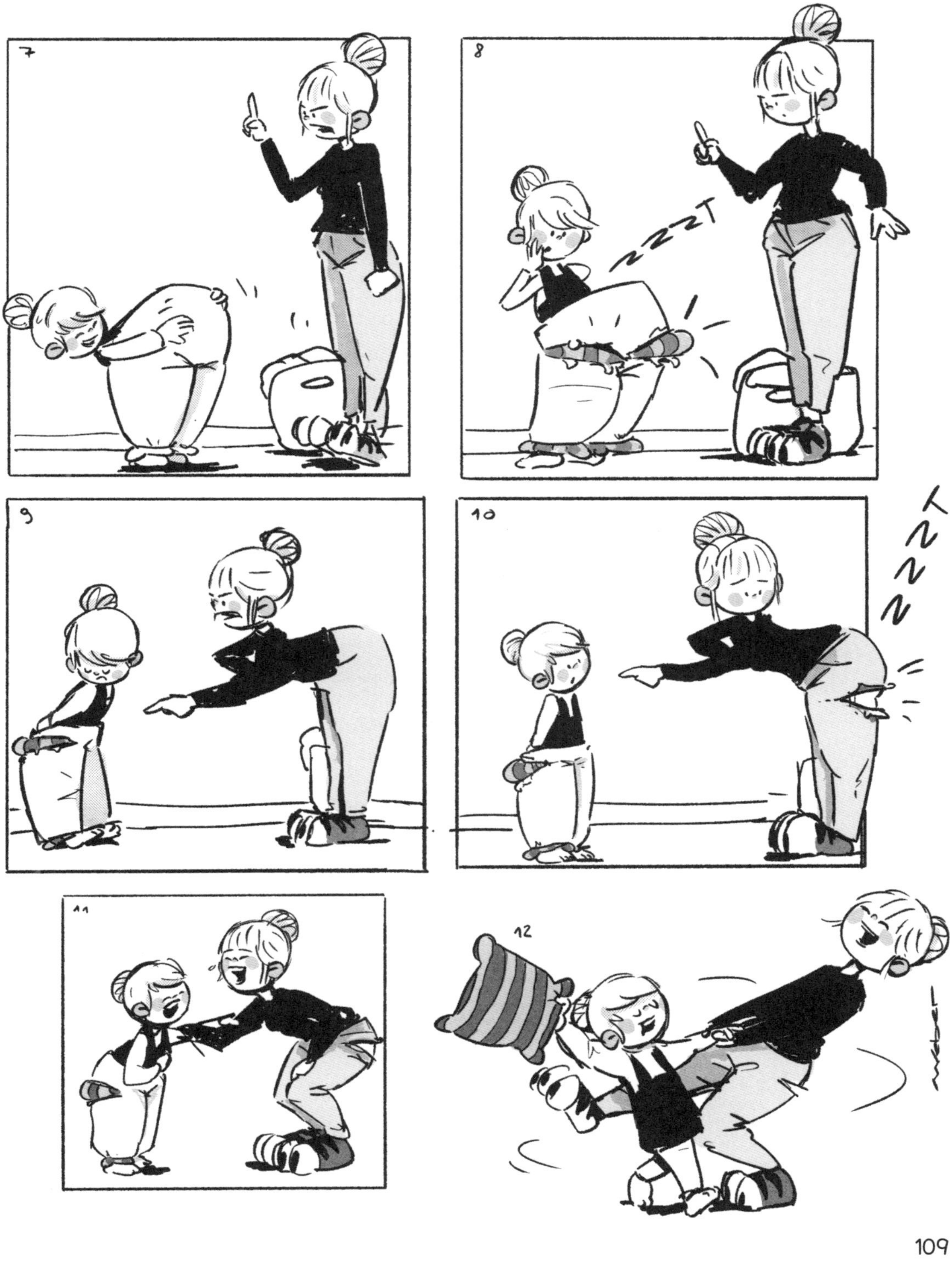
ZZZT
ZZZZT

Wenn euch „Mutter & Tochter" gefällt, helft uns gerne das Buch bekannt zu machen, um einen zweiten Band zu ermöglichen. Postet eure Lieblingsgeschichten oder Bilder aus dem Buch und verlinkt uns, empfehlt das Buch weiter, verschenkt es an tolle Menschen, malt Seiten aus oder lasst euch etwas ganz anderers einfallen. Wir freuen uns über jede eurer Ideen.

Als noch relativ kleiner Verlag ist unsere Reichweite begrenzt. Wir sind uns aber sicher das wir mit eurer Hilfe einiges erreichen können.

Teilt eure Lesemomente und verlinkt uns gerne.

hallo@johannes-schimmsel-verlag.de

Johannes Schimmsel Verlag

johannes_schimmsel_verlag

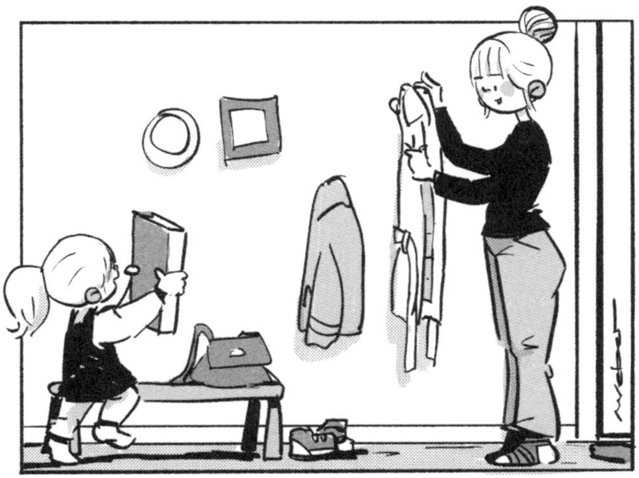

Kapitel

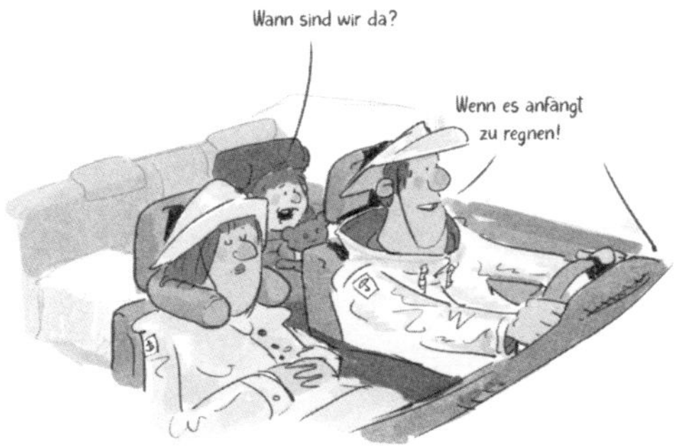

WATT WITZE WISSEN

Die liebevoll als Friesennerz bezeichnete Regenjacke stammt, anders als vermutet, aus Dänemark. Dort wurde sie 1965 von Jan E. Ansteen Nielsson auf den Markt gebracht. Die knallgelbe Farbe sorgt für eine gute Sichtbarkeit bei schlechtem Wetter und die Klappen über den Taschen verhindern, dass Regen in die Taschen gelangt. Ursprünglich war die Jacke für Fischer entworfen worden.

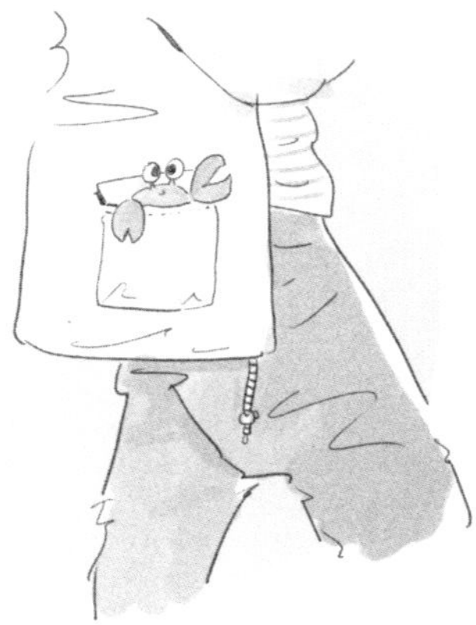

Rätsel

Spaßiges Bilderrätsel

Welches Tier wird gesucht?

Noch ein Tipp: Auf Helgoland ist das Tier sehr bekannt.

Antwort: Taschenkrebs

Nordseemöwen können zuweilen sehr trickreich sein, um an Futter zu kommen.

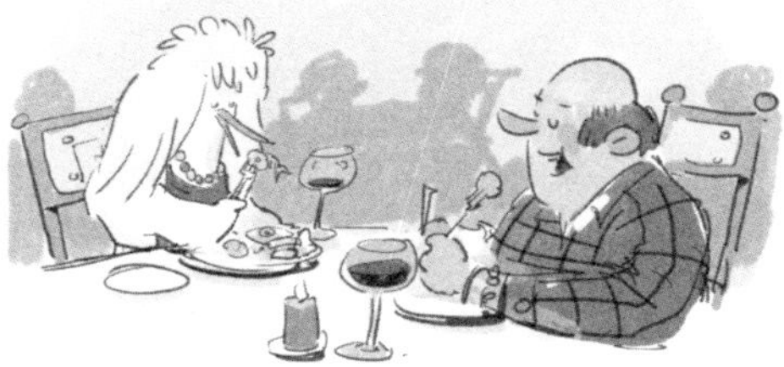

WATT WITZE WISSEN

Möwen klauen Futter nicht nur beim Menschen, sondern auch in der Tierwelt. Laut einer Recherche der Süddeutschen Zeitung, suchen sich Möwen gezielt aus, wo und bei wem sie klauen. Forscher haben beobachtet, dass Möwen dort zuschlagen, wo es viel Beute gibt und jemand schusselig wirkt. Für die Möwe ist durch diese Faktoren scheinbar die Wahrscheinlichkeit höher, dass sie bei einem Angriff wenigstens einen Teil des Futters erbeuten kann.

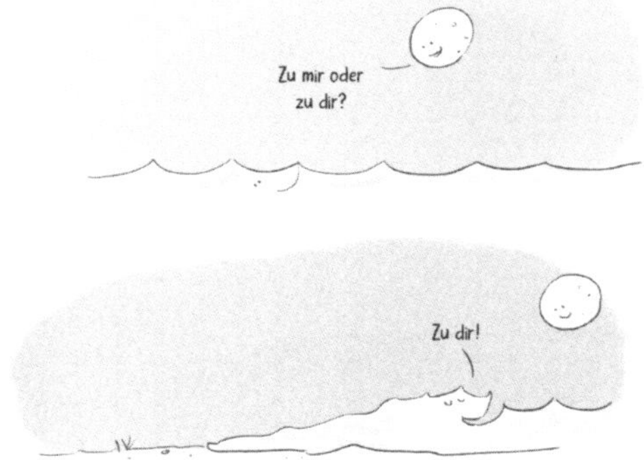

WATT WITZE WISSEN

Zwischen Massen gibt es Anziehungskräfte. Obwohl der Mond mehrere hunderttausend Kilometer von der Erde entfernt ist, zieht er das Wasser unseres Planeten durch die Wirkung seiner Gravitationskraft an. Flut entsteht also, weil sich das Wasser auf der dem Mond zugewandten Seite sammelt. Durch Zentrifugalkraft, die entsteht, weil sich die Erde um die eigene Achse dreht, entsteht auch auf der entgegengesetzten Seite der Erde eine Flut.
In den Bereichen dazwischen entstehen die Ebben.

Wimmelbücher für Jung und Alt

In Jannes Webers Wimmelbüchern erleben die Figuren spannende, lustige und schöne Geschichten über alle Seiten hinweg. Auf diese Art kann man ein Buch immer wieder aus einer anderen Perspektive neu erleben. Das Entdecken der Geschichten fördert die kreative Entwicklung und das Erschließen von Zusammenhängen. Von simplen Such-Aufgaben bis hin zu komplexen Detektiv Fällen, bei denen man mit rätseln kann. Hier ist unabhängig von den Orten für jeden etwas dabei. Und natürlich gibt es jede Menge Herz, Humor und Witz.

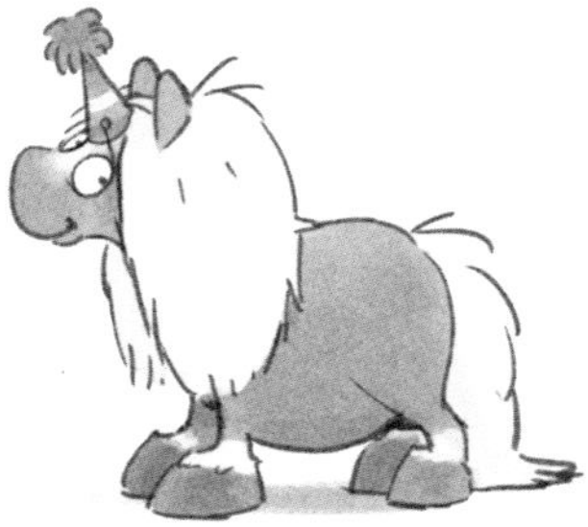

Altersempfehlung 3-96 Jahre.

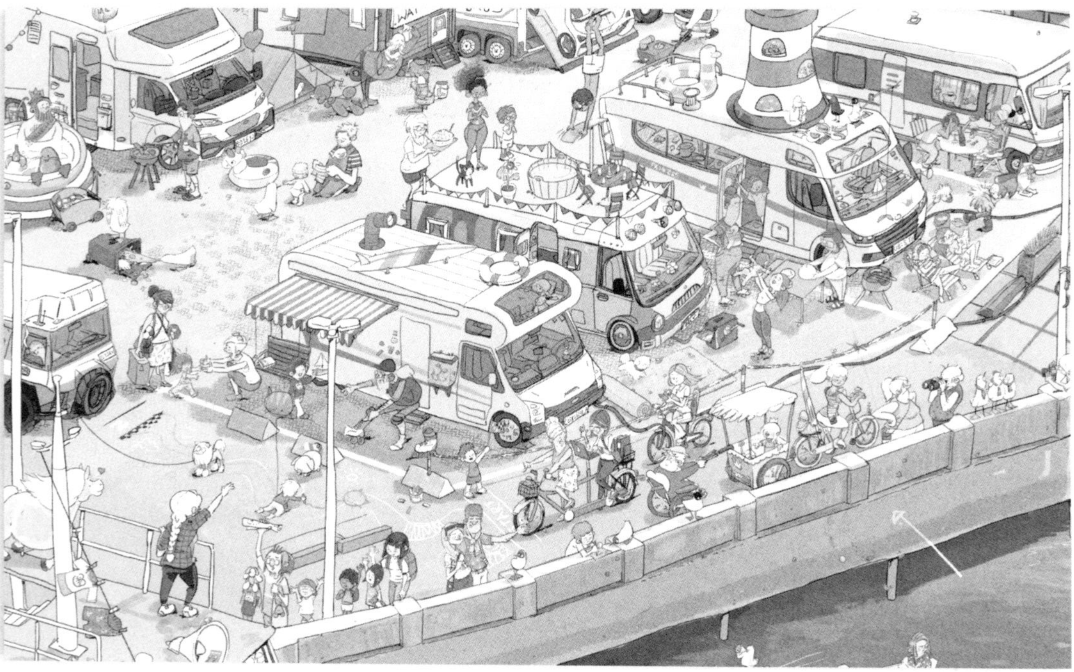

Das Helgoland Wimmelbuch:
ISBN 978 3 98898 007 6

Das Cuxhaven Wimmelbuch:
ISBN 978 3 00074 033 6

Das SPO Wimmelbuch:
ISBN 978 3 98898 004 5

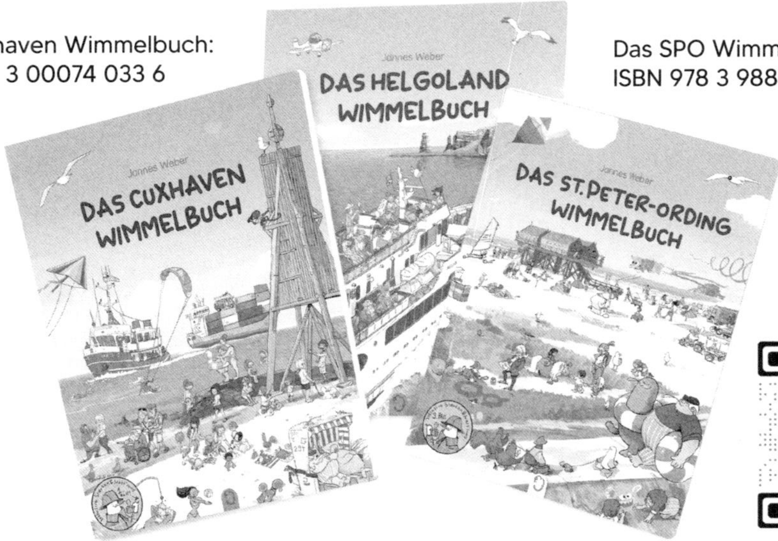

www.johannes-schimmsel-verlag.de

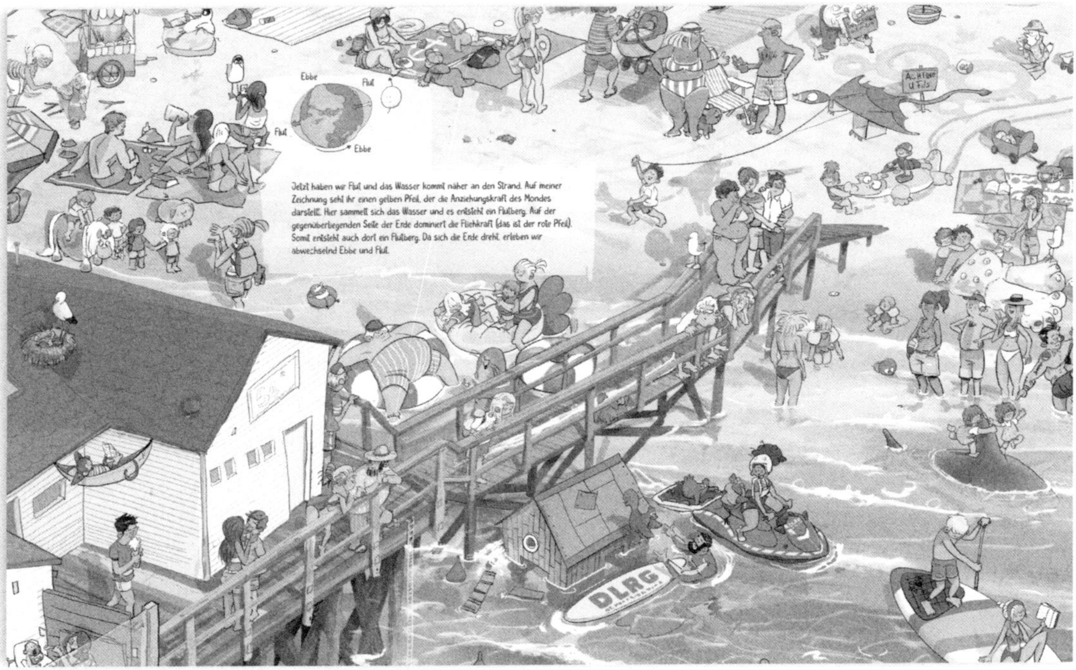

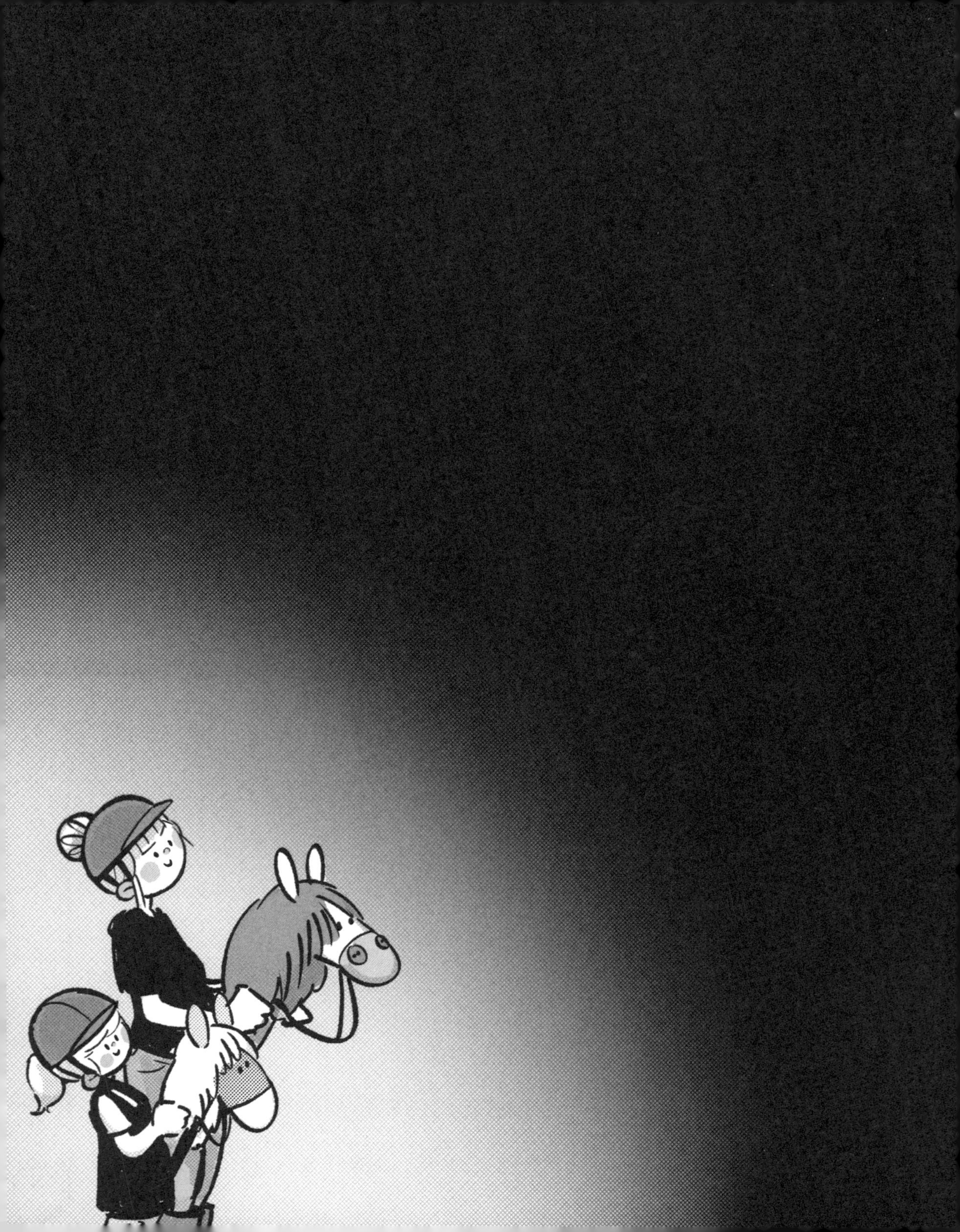